개별화 교육을 위한
몬테소리 교수-학습 지도안

역 사

(6~9세 · 9-12세)

권 명 자 편저

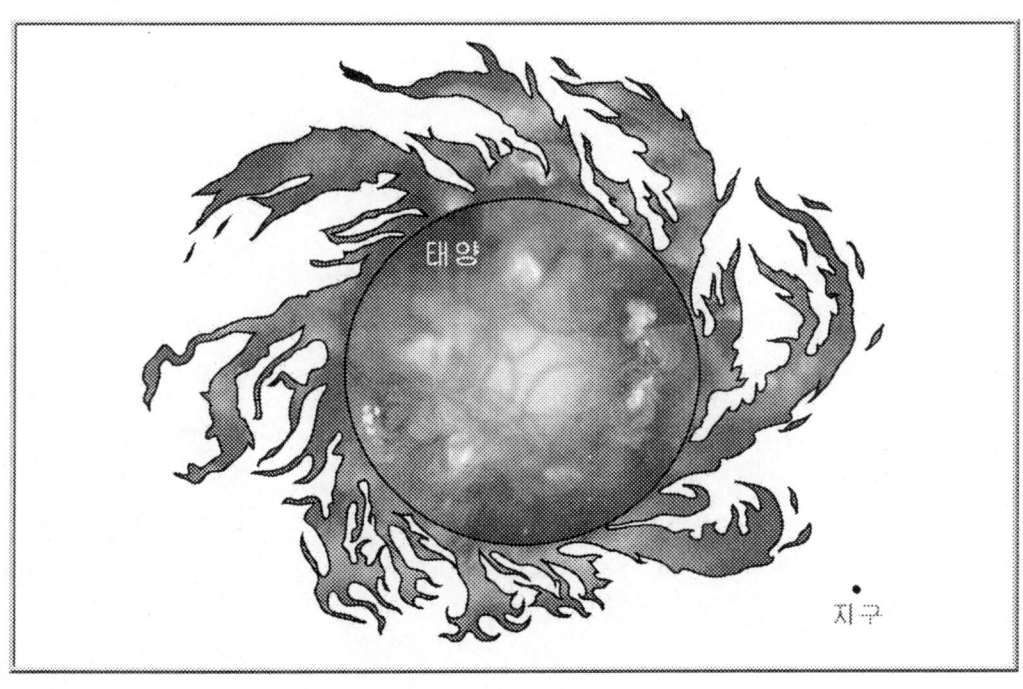

M 도서출판 몬테소리

머 리 말

본 역사지도서는 우리나라 초등학교 자연과의 일부인 동물영역과 관련을 두고 몬테소리 교육내용과 방법을 토대로 한 교사용 지도서이다. 지도서의 제작배경은 우리나라 전역에서 체계적으로 몬테소리 교육방법을 이수하여 학교현장에 일반화하기란 많은 시간과 경제적인 어려움이 따를 것을 감지하여 학습현장에서 누구나 쉽게 접목하여 바람직한 개별화 교육에 활용될 수 있도록 하였다.

몬테소리 교육과정의 교과 지도는 우주의 큰 부분에서 점차 작은 부분으로 접근하며 학습수준이나 진도는 아동개인의 능력별 지도로 이루어진다.

몬테소리 교육에서의 교과는 언어(모국어와 외국어 포함), 수학, 동물, 식물, 지리, 역사, 과학, 일상생활 등으로 우리나라와 비슷하다. 그러나 우리나라의 국어를 몬테소리교육에서는 언어로 칭한다. 그것은 민감기의 언어발달을 중시하여 국어를 언어(모국어, 외국어)라 하고 모국어와 외국어를 동시에 지도한다. 또 우리나라의 '사회'를 몬테소리 교육에서는 '지리', '역사' 또는 문화로 분류하여 지도한다.

지도내용을 보면 분기별로 실행 가능한 몇 가지의 주제를 선택하여 통합학습이 이루어진다. 즉 6-9세 역사영역에서는 1.시간개념 2.기원전과 기원 후 3.인간의 기본욕구 4.문명의 발달 5.여러 범주의 발달사를 통한 수직적 수평적 연구 6.인류의 타임라인 등이며 9-12세는 1.우주이야기 2.생명과 인간의 출현 3.수의 역사 4.고대역사와 문명 5.나라의 역사 등이다. 학년은 선택에 의한 조작활동이 주로 이루어지며 고학년으로 갈수록 자기 주도적 학습으로 추상화 작업이나 응용 등의 심화연구의 학습활동(research)이 이루어진다.

몬테소리교육의 장점은 여러 가지를 들 수가 있는데 몇 가지를 제시하면 다음과 같다.

첫째, 교육을 뒷받침할 수 있는 돈독한 철학적 배경과 교육과정 운영방법의 특이함을 발견할 수 있다. 즉 아동의 특성과 적성을 존중하며 아동의 신체적 욕구, 정서적 욕구, 사회적 욕구, 영적 욕구 등 여러 가지 욕구충족의 배려를 위해서는 **그리고 아동을 따라 교육해야 한다**(follow the child)는 점이다.

둘째, 교육과정 구성은 3-6세, 6-9세, 9-12세로 묶여 있다. 6세, 9세가 중복되는 것은 아동 개인별 학습발달속도에 따른 나선형의 관계를 가지고 있음을 말한다. 따라서 반복 학습에 대한 배려는 큰 장점이다. 이것은 학년단위의 호칭인 우리나라와는 다른 점이다.

교육과정구성은 3~6세, 6~9세, 9~12세로 묶여 있다. 6세, 9세가 중복되는 것은 아동 개인별 학습발달 속도에 따른 나선형의 연계성을 가지고 있음을 말한다.

세째, 몬테소리교육에서는 **준비된 교사와 준비된 환경**을 강조하고 있다.

준비된 교사란 풍부한 지식의 소유, 창의성, 봉사성, 인류애를 지닌 풍부한 바른 인성을 갖춘 교사를 의미한다.

준비된 환경이라 함은 아동의 구체적 조작기에 제공되어야 할 학습일감(work)인 구체적인 교구(material)를 뜻한다. 따라서 교실은 교구화 되어있다. 교실의 교구는 필수 교구를 선정함이 바람직하다. 기본필수교구란 주제 해결에 직결되는 기본교구를 말한다.

넷째, 지도방법을 볼 때 저학년은 선택에 의한 조작활동이 주로 이루어지며 고학년으로 갈수록 자기 주도적 학습으로 추상화 작업이나 응용 등의 심화연구의 학습활동(research)이 이루어진다.

그런데 여기서 몇 가지 유의할 점은 우리나라 교육과정과 몬테소리 교육과정의 일치점의 논란보다는 국가교육목표 도달에 목표를 두고 교사협의를 통한 일년의 주제선정에 의한 통합교육과정의 운영에 대한 연구가 필요하다. 또 한가지는 아동이 공부하는 방법을 배우는 점이다 즉 자료를 찾는 방법이나 변형, 확대, 응용의 발전적인 학습진행의 방법이 이루어진다

본 자료의 제작기간은 수년간이 소요되었으나 워낙 방대한 양으로 인하여 미흡한 부분이 없지 않으므로 지속적인 연구로 수정과 보완을 첨가하여 활용하시기 바란다.

끝으로 본 지도서가 교육과정운영과 개별화 교육을 위한 교수학습지도에 조금이라도 도움이 되시기를 기원하며 이 책이 완성되기까지 많은 관심을 가지고 도와 주신 미국 XAVER대학 A.M.S 교수 팀과 초등몬테소리교육연구회(ASEME), 한국몬테소리협회(KIM)에 깊은 감사를 드린다.

권 명 자
http://www.k-montessori.co.kr

일 러 두 기

 본 역사 지도서의 활용에 대한 이해를 돕기 위하여 몇 가지 일러두기를 제시한다.
 몬테소리 교육에서는 3-6세, 6-9세, 9-12세의 혼합학급을 편성하여 지도하고 있다 각 교과별 주제를 중심으로 통합 운영된다. 몬테소리교육의 각 교과나 내용은 각 국가의 특별한 지향점 외에는 세계 어느 나라의 어린이에게나 공통적으로 지도해야 할 내용들임을 볼 때 몬테소리 교육과정은 세계 공통적인 교육과정이라고도 볼 수가 있다.
 각 주제별 학습지도안의 내용은 1.주제 2.대상연령 3.교구 4.목적(직접목적과 간접목적) 5.선행학습 6.언어 7. 교구제시 8.활동과정 9.흥미 점 10.실수 정정 11.변형 확대 및 응용 12.지도상의 유의점 13.관찰 (평가) 등을 제시하였다. 한가지 유의할 점은 학습주제에 따른 양에 따라 지도시간에 신축성을 두고 어린이 개인별 학습준비도, 학습속도 그리고 흥미에 따라 주제를 재구성함이 바람직하다

1. 주 제
 학습주제는 학습활동의 내용을 쉽게 알아볼 수 있도록 간단한 용어로 함축하여 제시하였고 교구 이름으로 제시하기도 하였다 학습 주제는 대게 국가 교육과정의 운영목적 달성을 위한 년 간 주제를 교사 협의를 통하여 선정한다 그러나 시행 중에 오류 발생이 예상될 경우에는 다시 협의를 거쳐 시정하는 예는 있으나 이것은 극히 드문 예이다

2. 대 상
 학습활동은 아동발달 단계를 고려하여 6-9세, 9-12로 구분하여 그 내용을 제시하였다. 여기서 6-9세는 초등 1, 2, 3학년을, 9-12세는 초등 4, 5, 6학년 수준의 과정으로 제시하였다.

3. 교 구
 교구장은 대게 유치원은 4단, 초등학교는 5단을 사용한다.
 교구는 학습활동의 문제해결에 필수적인 교구들이다 본 교구 외에도 변형, 추가 또는 대치 성이 있거나 첨가의 필요성에 따라 제작, 또는 구입하여 활용함이 바람직하다.

4. 목적
 몬테소리 지도안의 특징은 학습목표 제시에서 직접적인 목적과 간접목적이 있다 직접목적은 주로 그 시간에 달성해야 할 목표를 의미하며 간접목적은 직접목적 외에 그 주제학습을 통하여 달성해야 할 포괄적이고 발전적인 미래 지향적인 목표를 의미한다.

5.선행학습
 선행학습은 직접선행학습과 간접선행학습으로 나누어 볼 수가 있다. 직접선행학습은 본 시간의 문제해결을 위한 전시간의 학습이며 간접선행학습은 본시의 학습주제와 직접관련이 없다 하더라도 개인별로 수행된 종합적인 기초학습능력이다. 선행학습의 중요성은 만약 선행학습이 부진할 경우 다음 학습수행에 어려움이 따르는데 있다.

6. 언 어
 흔히 언어지도를 국어에 국한하기 쉬우나 몬테소리교육의 언어지도는 국어 과에 국한한 언어지도를 탈피하고 모든 교과의 용어와 관련된 언어를 통합적으로 지도한다. 몬테소리는 언어지도에서 '총체적 언어' 라는 용어를 쓴다. 몬테소리의 언어지도는 그 지도 방법이 매우 다양하며 흥미로운 방법으로 전개된다.

7. 교구제시
. 교구장은 대게 유치원은 4단 초등학교는 5단을 사용하며 교실을 교구화 할 필요가 있다. 교사는 교재 연구를 폭넓게 하되 정확한 정보를 확실히 준비하고 교사의 교구제시는 분명해야 한다. 본 고에서는 지면상 간략히 제시하였다.

8. 활동과정
 본 난에는 수업진행의 대강의 과정을 제시하였다. 활동과정에서 유의할 점은 아동 스스로의 학습과 교구선택의 기회를 존중하여 자기 주도적인 학습활동이 이루어지도록 배려해 주어야 한다. 이 때 교사와 아동, 아동과 아동, 아동과 교구의 상호작용이 원활히 이루어지도록 노력한다.

9. 흥미 점
 학습활동에서 아동들이 조작과정에서 매력적인 점. 교구의 신비함 색상에서 맛보는 기쁨, 다양한 교구의 모양, 느낌이나 흥미로운 점들을 선행연구에서 요약하여 제시하였다. 이외에도 아동들은 학습전개나 활동에 따라서 여러 가지 다양한 흥미 점을 발견할 것이다.

10. 실수 정정
 실수 정정은 자료활용이나 학습방법이나 활동의 미숙함으로 발생된 오류를 정정해 주기 위한 상황, 정정할 시기, 방법들을 종합적으로 제시하였다. 실수 정정은 교사의 면밀한 아동관찰에 따라 아동스스로 또는 교사의 도움으로 이루어진다.

11. 변형 확대 및 응용
 아동의 학습활동이 제시된 활동으로만 끝나는 것이 아니고 더욱 발전적인 추가 심화활동을 제시하였다. 즉 아동의 능력에 따라 더욱 발전적인 변형, 확대, 응용, 정보, 수집 등 창의적인 활동으로 무엇인가를 창출할 수 있도록 한다.

12.지도상의 유의점
 학습목표도달을 위하여 학습활동에서 발생되기 쉬운 시행착오를 줄이기 위하여 실험과정에서 나타났던 내용들을 제시하였다. 즉 학습 계획에서 평가까지 예상될 수 있는 여러 가지 문제점이나 보완사항을 제시하였다.

13.관찰 (평가)
 평가는 대개 직접목적과 밀접한 관련을 가지고 있으나 아동스스로 또는 교사의 관찰에 의한 누기기록과 다양한 평가방법을 적용한다. 본 관찰 난에는 수업목표와 관련된 평가내용을 제시하였다.

차 례

6~9세 ··· 7~45

9~12세 ·· 47~92

개별화 교육을 위한 몬테소리 교수-학습 지도안

역 사
(6~9세)

도서출판 몬 테 소 리

역사영역의 교구장의 설치(예)

<교구장 1>

시간개념의 발달

날들의 선정	주간별로 날들의 배치-요일	월별로 날과 주간들의 배치
일년의 산정	개인의 역사	일년과 그 부분들	하루의 소개
오전·오후의 개념	서양사의 중심인 그리스도 BC/AD	우리나라의 Time Line
역사와 문법	Time Line of Life	인간의 도래
인간의 기본적인 욕구들	조사학습	지구의 역사 시계

<교구장 2>

박물학(Natural Histury)

창조이야기(손이없는 하나님 챠트)	연대의 시계	생명의 시간선
지구의 나이	우주의 나이	인간의 기본적인 욕구	우리나라의 Time Line
시계와 시계오형지	일주일 요일 이야기	절기 3부분 카드	인간의 시기챠트
곡물표본(우리나라의 곡식 3부분카드)	우리나라의 유물 (그림카드)	우리나라의 악기/주택 (3부분카드)
빛의 타임라인	서울의 유적지와 그위치 (3부분카드)	한국의 시대적 음악 (3부분카드)

차 례

활동(1) 시간에 대한 개념 ··10

활동(2) 개인의 역사 ··12

활동(3) 일년과 그 부분들 ··14

활동(4) 연도의 제시 ··16

활동(5) 시계 (Part) ···18

활동(6) 시계를 이용한 역사의 문법 ··20

활동(7) 세기의 타임라인(BC, AD) ··22

활동(8) 인간의 기본적인 욕구 ···24

활동(9) 문명의 발달 (조명의 역사) ···26

활동(10) 여러범주의 발달사(역사에 대한 수직적 연구) ······························28

활동(11) 여러범주의 발달사(수직·수평적 연구) ······································30

활동(12) 손이 없는 하느님 ···32

활동(13) 긴 검정 띠 ···35

활동(14) 대(The Clock of Eras) ···37

활동(15) 생명의 타임라인(time Line of Life) ···40

활동(16) 도구의 발명 손 챠트 ···43

활동(17) 인류의 진화 ···45

활동(1)

주 제	시간에 대한 개념 그래프식의 표시(매일의 타임라인 Daily Time Line)	대상연령	6~9세

| 교 구 | 크기가 다른 일일달력들, 긴종이, 연필, 각각의 날들을 펼쳐 놓을 판지나 게시판 |||

목 적	직 접	• 짧은 촌음이 모여 긴 역사를 이루게 됨을 안다. • 그래프 식으로 시간을 표시하고 시간 개념을 인지한다.
	간 접	• 하루를 일정한 시간으로 표시가 가능함을 알 수 있다. • 긴 긴 지구의 역사에서 일어나는 일들에 관심을 갖는다.

선행학습	시간, 시계

언 어	일력, 달력, 타임라인

교 구 제 시	

활동과정 (상호작용)	**1. 개요** 　역사란 무엇인가? 종래 우리의 역사관은 사건과 인물 중심이었다고 말할 수 있겠다. 즉, 인간과 그 인간들의 행동을 중심으로 역사를 파악해 왔던 것이다. 그러나 몬테소리에서는 먼저 시간의 연속적인 흐름이라는 시간선(Time Line)의 개념으로 다가선다. 다라서 먼저 시간의 흐름이라는 개념으로서 역사를 이해하고 그 길고도 영원한 시간의 흐름속에서 인간 존재의 미미함을 아는 과정에서 겸허한 정신을 갖게 한다. 그리고 나서 시간선 상의 역사중에서 구체적인 우리나라의 역사에 대해서 연대표와 각 시기별로 활동한 인물, 사건들을 중심으로 역사영역에 대한 이해를 시도해 보려 한다. 한마디로 역사학은 시간의 개념을 이해하는 것뿐만 아니라 인간의 역할과 사랑을 배우는 것이라 할 수 있겠다. • 제시1) 시간개념의 전개 　- 움직임을 통하여 시간 개념 익히기 　- 기하학적인 그래프식 역사의 예를 제시한다. • 제시2) 무인도에 도착했다고 가정했을 때 하루를 어떻게 잡으면 좋을지 생각하게 한다. 　- 하루의 개념을 동이 터오는 시간부터 해가 지는 밤까지로 잡게 한다. 　- 종이에 하루를 기록하게 한다. 　- 일정한 간격으로 하루 하루의 표시를 붙여 나가게 하거나 세로줄로 그어 간다. 　(1) 그래프식의 표시 　　교구는 긴 종이, 연필을 준비한다. 　　-긴 종이를 부착하여 가로로 긴 선을 긋는다. ⇒ 벽에 부착 　　-매일 아침마다 당번(약속된) 어린이가 선상에 세로줄을 긋는다. 　　-줄의 간격은 아동과 협의하여 일정하게 정하여 긋는다. 　　-일주일쯤 지나 아동들에게 살펴보게 한다. 　　(하루마다의 시간이 같으나, 매일의 누적된 시간의 길이가 다름을 알게 한다.) 　　목적:그래프식의 실례를 통해서 시간의 개념을 발달시킨다. • 제시3) 하루를 가리켜보겠니? 라는 질문에 일정한 간격을 하루라고 답한다. • 제시4) 하루의 표시를 매일 매일 할 수 있겠니? 라고 질문하고 하루의 표시를 날짜, 그림, 날씨 등으로 표시하게 한다. 　- 그래프식의 표시 : 날들의 선정, 주간별로 날들을 표시 　- 일년에 대한 제시 : 월 달력, 요일, 설명카드
흥 미 점	하루가 여러 날 모여 기다란 역사 타임라인이 되는 점.
실수정정	최초의 인간모습과 현재의 사람들의 생활이 달라진 점을 찾아내지 못할 때.

변형 확대 및 응 용	• 띠벽지를 미리 교실 벽에 붙여 놓은 후 여러 가지 방법으로 하루를 표시해 나가기. • 그림과 명칭카드 짝맞추기, 그림·명칭, 설명카드의 짝 맞추기. 요일에 대한 설명카드를 이용한 소책자 만들기.	**지도상의 유의점** 미리 띠 벽지를 충분히 준비한다. **관찰 (아동 평가)** 선의 길이는 무의미하겠지만 각각의 선과 선의 간격은 일정해야 한다는 것을 이해하는가?

활동(2)

주 제	개인의 역사 (Personal Time Lines)	대상연령	6~9세

교 구	타임라인 긴 종이

목 적	직 접	여러 종류의 타임라인을 만들 수 있다.
	간 접	우리가 가족의 나이 들을 비교하며 시간을 시각적으로 알수 있다.

선행학습	그래프식 표시

언 어	타임라인

교 구 제 시	

활동과정 (상호작용)	• 제시1) 자신의 나이를 표시하는 활동 **개인의 역사** • 교구는 그래프 용지, 종이, 색연필, 풀, 가위 등이다. • 제시1 : 자신의 나이와 가족의 나이를 그래프 형식으로 나타내기 나 ▭▭▭▭▭▭▭ 엄마 ▭▭▭▭▭▭▭▭▭▭▭▭▭▭▭▭▭▭▭▭▭▭▭▭▭▭▭▭▭▭ 아빠 ▭▭▭▭▭▭▭▭▭▭▭▭▭▭▭▭▭▭▭▭▭▭▭▭▭▭▭▭▭▭▭▭ 동생 ▭▭▭▭▭ • 제시2 : 똑같은 크기의 카드에 사진을 붙이고 날짜를 기록하고 사진에 대한 약간의 설명을 덧붙인다.. | 1990	1991	1992	1993	1994	1995
---	---	---	---	---	---
사진					
내가 여기 기에 다녀요						 • 본 목적은 역사의 흐름에 대한 인식과 함께 자신의 삶도 역사의 일부분이며 소중한 것임을 인식하게 한다.
흥미점	자신의 역사를 시각적인 타임 라인으로 알게 하는 것.
실수정정	타임 라인의 단위가 일정하지 않았을 때.
변형 확대 및 응용	가족나무를 만들어 본다 (할아버지, 할머니, 친척들을 인터뷰한 후 작성한다.)	**지도상의 유의점** 가족의 변화와 생활에 따른 문화의 발달에 대해 관심을 가지게 한다. **관찰 (아동평가)** 아동이 일정한 단위를 가지고 타임 라인을 작성하는가?

활동(3)

주 제	일년과 그 부분들 (The whole year)	대상연령	6~9세

교 구	달력, 분수 원판, 월별로 접혀지는 기다란 달력

목 적	직 접	1년의 길이와 그 부분들의 길이를 알 수 있다.
	간 접	1년의 길이와 그 부분들의 길이를 분수와 함께 이해할 수 있다.

선행학습	타임라인 페이퍼

언 어	일년 전체, 반년, 1/3년, 1/4년, 1/6년, 1/12년을 나타내는 달력들, 분수의 원들 (전체원, 반원, 1/3원, 1/4월,. 1/6원, 1/12원)

교 구 제 시	(달력 MAY 및 벽 차트 그림)

활동과정 (상호작용)	• 제시1) 1년의 길이를 표시하는 방법을 말해보아라. 　달력을 일렬로 늘어 놓아요. 라고 답할 수 있다. 　- 분수원판의 1을 달력타임라인 옆에 놓는다. 　- 1년을 두 조각으로 나누면 몇 개월이 되겠니? 라고 질문 (6개월) 　- 분수원판의 1/2 조각을 놓고 6개월은 1년의 1/2임을 알아본다. 　- 1년을 세 조각으로 나누면 몇 개월이 되겠니? 라고 질문 (4개월) 　- 분수원판의 1/3 조각을 놓고 4개월은 1년의 1/3임을 알아본다. 　- 1년을 네 조각으로 나누면 몇 개월이 되겠니?라고 질문 (2개월) 　- 분수원판의 1/4 조각을 놓고 3개월은 1년의 1/4이라 말해준다. 　- 1년을 6조각으로 나누면 몇 개월이 되겠니? 라고 질문(2개월_ 　- 분수원판의 1/6 조각을 놓고 2개월은 1년의 1/6이라 말해준다. • 제시2) 1년의 두 조각을 가리켜 보겠니? 라는 질문에 달력의 6개월을 가리키게 한다. 　- 다른 부분의 질문도 반복하여 하고 답하게 한다. • 제시3) 1년을 1로 보았을 때 6개월은 1년의 얼마에 해당하지? 라고 질문하고 1/2이라고 답하게 유도한다 　- 다른 부분들도 질문하고 답하게 한다.
흥미점	1년의 부분들을 분수와 연관시켜 알게 되는 점.
실수정정	1년의 부분들을 분수로 이해하지 못할 때

변형 확대 및 응용	분수원판의 1/5, 1/7, 1/8, 1/9, 1/10등으로 1년을 나누어 보게 한 후 일년은 2, 3, 4, 6, 조각으로 나누어 진다는 사실을 설명해 본다.	**지도상의 유의점** · 역사 교육은 시간의 개념을 심어 주는 것에서부터 시작한다. · 매 월의 관계를 분수개념과 연결시켜 설명한다. **관찰 (아동평가)** 아동이 1년의 부분을 1/2, 1/3, 1/4, 1/6으로 나눌 수 있는가?

활동(4)

주 제	연도의 제시	대상연령	6~9세
교 구	수 카드, 천 체인, 천의 입방체, 띠(BC : 초록, AD : 빨강)		
목 적	직 접	시간의 흐름을 눈으로 보아 감지할 수 있게 한다.	
	간 접	개인의 구체적인 시간 개념에서 일년이라는 추상적인 개념으로의 이해를 높인다.	
선행학습	일년과 그 부분들		
언 어	연도, 천의 구슬, 기원 전, 기원 후		
교 구 제 시			

활동과정 (상호작용)	• 제시 1) 　- 천의 입방체 두 개와 1의 구슬 1개를 놓은 후 수카드 2001을 제시하여 2001년을 양적으로 알아 본다. 　- 천의 입방체 2개와 체인 2개와 1구슬 하나를 길게 늘어놓으며 1구슬 하나가 1년이라는 사실을 가르쳐 주며 2001년을 길이로 알게 한다. 　- 아동의 나이, 부모님의 나이 등을 가리키며 이 만큼의 시간을 살아왔다는 사실을 이야기 한다. 　- 시간은 이렇게 많이 흘렀지만 내가 살아온 세월(나이)은 이 만큼이야! 하면서 종이 카드 위에 올 해라고 써서 2001 구슬 밑에 놓고 구슬로 나이(년 수)를 가르쳐 준다. 부모님의 나이도 표시해 본다. 　- 2001년 전에는 무슨 일이 있었을까? 생각하게 한다. 　- 나라마다 년을 세는 단위가 다르다는 사실을 알려준다. • 제시2) 네가 태어난 해를 가리켜 보겠니? 라는 질문에 자신이 태어난 지점을 가리키게 한다. 　■ 달력 　　교구 : 모형 달력판(작업용), 달력 정답판, 그리고 여러 가지 달력들 　- 여러가지 형태의 달력을 보여 주면서 달력의 모양과 기능을 알게 한다. 　- 칸만 그려진 작업용 달력판에 숫자가 적힌 낱개의 칩을 올려 놓으므로서 한 달의 달력을 완성하게 한다, 　- 달력을 완성하는 과정에서 한 달이 30이나 31일이며 4, 5개의 주로 이루어져 있음을 알게 한다. 　본 목적은 달력을 통해 시간의 표현 단위인 월과 주 그리고 날(1일)의 연관 관계를 설명한다. 　■ 월과 주 　　교구 : 각 달의 어원이 적힌 달의 어원 카드, 각 주의 어원이 적힌 주의 어원카드, 그리고 달과 주의 각각의 명칭 카드들 　　제시 : - 각각의 달에 대한 어원이 적힌 카드를 읽고 설명한 뒤 명칭카드와 알맞게 배열한다. 　　　　 - 각각의 주에 대한 어원이 적힌 카드를 읽고 설명한 뒤 명칭카드와 알맞게 배열한다. 　　　　 - 해당하는 달과 주의 명칭에 대해서 물어 본다. 　　목적 : 1년의 부속 단위인 월과 주에 대한 명칭과 어원에 대한 이해를 돕는다. • 제시3) 2001년을 천의 체인을 이용해 길이로 나타내 보겠니? 라고 질문하고 아동이 2001년을 늘어놓고 수 카드를 매칭해 본다.
흥미점	2001년을 양적인 길이로 확인해 보는 점.
실수정정	1구슬 하나의 단위를 1년으로 약속하고 작업이 이루어지지 못할 때

변형 확대 및 응용	100 체인을 이용하여 2001년을 나타내게 한다. 이 때 1구슬 하나의 단위는 10년이 되므로 교사가 둥근 모양의 금색 종이 10개를 펀치로 미리 만들어 1년을 나타내게 해준다.	지도상의 유의점
		단위를 설정하는 것은 자유지만 그 단위는 항상 일정해야 함을 인식시킨다.
		관찰 (아동평가)
		아동이 1000의 구슬을 이용하여 2001년을 길이로 나타낼 수 있는가?

활동(5)

주 제	시계(Part)	대상연령	6~9세
교 구	바늘이 분리된 시계, 나무 시계모형 세트(5분, 30분, 15분 단위), 색구슬, 시간을 가리키기 위한 작고 검은 화살표, 각 시간에 대한 24개의 명령카드, 시계스탬프			
목 적	직 접	시각과 시간의 개념을 이해하고 실생활에 정확한 용어를 사용할 수 있다.	
	간 접	하루는 일정한 시간을 가지고 있는 사실과 그 시간이 모여 역사가 됨을 알 수 있게 한다.	
선행학습	연도의 제시			
언 어	정오, 자정, A.M, P.M, 여러 가지 시계이름, 시계 스탬프			
교 구 제 시				

활동과정 (상호작용)	• 제시1) 시계의 여러 가지 모양을 본다.(디지탈 시계, 큰 시계, 작은시계, 네모난 시계 등) 　– 시계의 모양이나 크기는 다르지만 모두 시간을 재는 것이고 하루는 24시간으로 되어 있다는 사실을 알게 한다.(시계의 작은 바늘이 두 번 돌면 24시간) 　– 긴바늘과 짧은 바늘을 함께 12시에 갖다 놓고 이 시간에 무엇을 하지요? 라고 묻기 (주로 점심을 먹는다고 아동은 답할 것이다). 이때를 정오라고 하고 한 바퀴를 돌면 밤(자정)이 됨을 이야기 한다. 　– 몇 시에 일어나는가? 라는 질문을 통하여 각 시간대별 하는 일들을 알아본다. 　– A.M과 P.M의 개념을 알려준다. 　– 하루를 24시간으로 나누었듯이 1시간도 60분으로 나뉜다는 사실을 발견한다. 　– 작은 눈금 하나가 1분이다. 간편하게 세기 위해서 5, 10, 15분 단위로 센다는 사실을 색 구슬 5짜리 구슬을 놓으며 알아본다. 　– 30분, 5분, 15분 단위의 시각을 나무 시계 모형을 통해 함께 알아본다. • 제시2) 정오를 만들어 보겠니? 라는 질문에 아동이 긴바늘과 짧은 바늘을 12시에 갖다 놓게 한다. 　– 1시 30분을 만들어 보겠니? (다른 시각들도 같은 질문을 통해 활동해본다.) • 제시3) 나무 시계 1시 30분 단위의 시각을 들고 이것은 몇 시를 가리키지? 라고 질문하고 1시 30분이라고 답하게 한다.(다른 시각들도 활동해 본다.)
흥미점	색 구슬을 이용해 5분 단위를 알아보는 것.
실수정정	각 시각을 정확히 읽지 못할 때.

변형 확대 및 응 용	• 시계 스탬프를 이용해 시간대별 나의 책자을 만들어보기(나의 하루, 나의 30분 책등) • 5분, 15분, 30분 단위를 분수와 연결하여 알게 한다. • 영어로 시각 알기	**지도상의 유의점** 시각을 가르치는 순서는 30분 단위부터 시작하여 15분, 45분, 5분 순으로 할 수 있다. **관찰 (아동 평가)** 아동이 각 단위의 시각을 정확하게 말할 수 있는가?

활동(6)

주 제	시계를 이용한 역사의 문법 (Past present Future)	대상연령	6~9세
교 구	세 가지 기본적인 시제 챠트, 동사 심볼 마크		
목 적	직 접	과거, 현재, 미래에 알맞은 시제를 사용할 수 있다.	
	간 접	시간의 흐름이 언어를 통하여 반영되고 있다는 사실을 알게 한다.	
선행학습	시계		
언 어	과거, 현재, 미래		
교 구 제 시			

활동과정
(상호작용)
	• 제시1) 동사 상징마크를 세 개 놓는다.
	  – 가운데 있는 심볼 마크 위에 '현재'라고 쪽지를 적어 올려놓고 현재는 내가 활동하고 있는 시기임을 알게 한다.
	  – 왼쪽에는 과거 오른쪽에는 미래라고 적힌 쪽지를 놓는다.
	  – 현재인 오늘을 기준으로 '과거'는 어제, '미래'는 내일이 된다고 말하고 쪽지에 연도 2000, 2001, 2002라고 적어 차례로 늘어놓는다.(식물 씨앗, 나무, 열매 등도 덧붙여 설명)
	  – '먹는'의 동사를 가지고 현재(먹는다), 과거(먹었다), 미래(먹을 것이다.)형의 동사로 변형됨을 쪽지에 적어 늘어 놓아본다
	
	• 제시2) '먹다'의 현재형을 가리켜 보겠니? 라는 질문에 '먹는다'라는 카드를 가리키게 한다.(과거형, 미래형도 알아본다.)
	
	• 제시3) '먹는다'를 가리키며 이것은 무엇이지? 라고 질문하고 먹다'의 현재형이라고 설명한다 (다른 시제의 질문들도 동일하게 반복하여 한다.)	

흥미점	여러 사물의 동작, 형태를 과거, 미래, 현재 등으로 찾아보는 것.	
실수정정	동사의 시제 변형을 바르게 하지 못할 때.	
변형 확대 및 응 용	과거 현재 미래의 심볼을 약속하고 시제에 맞는말 놀이 카드를 만든다.	**지도상의 유의점** 역사에서의 3단계 수업 ① 개념 소개 단계 ② 교구 사용 단계 ③ 교구 없이 추상적 단계 **관찰 (아동평가)** 동사의 현재, 과거, 미래형을 바르게 이해하고 사용할 수 있는가?

활동(7)

주 제	세기의 타임 라인(BC.AD)	대상연령	6~9세
교 구	B.C, AD카드, 황금구슬교구, 100체인, 1000체인, 달력 BC는 초록, AD는 빨강의 Time Line, 세기의 명칭카드, 예수사진		
목 적	직 접	역사적인 시간 개념을 BC, AD 타임 라인을 통해 이해한다	
	간 접	과거, 현재, 미래로의 역사적인 사건에 관심을 갖는다.	
선행학습	역사와 문법		
언 어	BC, AD, 세기		
교 구 제 시			

활동과정
(상호작용)
	• 제시1)
	– 초록색 부분 위에 BC(before Century)라고 적힌 카드를 놓는다.
	  초록색은 희망을 의미한다는 것을 알려준다.
	– 붉은 색 부분 위에 AD(Anno Domino)라고 적힌 카드를 놓는다.
	  붉은 색은 사랑을 의미함을 알려준다.
	– 붉은 색이 시작되는 부분 위에 별 모양의 그림을 갖다 놓는다.(예수의 사진도 무방함)
	– 1세기 단위로 나뉜 카드를 BC 부분, AD부분 위로 하나씩 늘어놓아 본다.
	• 제시2) 정의를 묻고 명칭을 말하는 활동.
	– BC 2세기를 가리켜 보겠니? 라는 질문에 아동은 BC 2세기를 가리킨다. (다른 질문도 동일하게 반복한다.)
	
	• 제시3) 세기 타임 라인
	교구는 10년 단위로 그려진 세기 타임 라인 카드를 (AD, BC), 예수님사진, 세기 명칭 카드를 준비한다.
	– AD, BC에 해당하는 카드들을 서로 마주보게 일직선으로 늘어 놓는다.
	– AD와 BC가 연결되는 부분에 예수님 사진을 놓는다.(서기 설명)
	– AD쪽에 작은 카드들을 더 놓아서 현재의 위치를 확인한다.
	– AD와 BC의 관계, 길이 MD을 알아보고 시간의 흐름 속에 우리의 현 위치를 타임 라인 상에서 알아본다.
	  세기만이 고립화된 타임 라인을 통해서 보다 간단하고 쉽게 시간의 흐름을 알아보고 그것이 곧 역사임을 이야기 한다.
	• 제시4) 비즈로 본 타임 라인
	교구는 AD, BC를 나타낼 수 있는 긴 비즈 체인 2세트, 세기 명칭 카드들, 예수님 사진 세기 타임 라인과 마찬가지로 제시하면서 세기 카드 대신에 비즈 사슬로 시간의 흐름을 표시한 것만이 다르다.
	다양한 방법으로 시간의 흐름인 역사를 타임 라인으로 표현하여 시각적이고 구체적인 실체를 통해 역사를 알아 본다.
	• 제시5) 생명의 타임 라인(Time Line of Life)
	교구는 폭 1m, 길이 2m 정도의 Big Chart로 지구상의 생물 출현부터 인류의 출현까지의 과정이 그림으로 그려져 있음.
	· 초기의 생물들부터 인류에 이르기까지의 과정을 살펴보며 각각의 생물들이 다음 세대의 생물에 어떤 도움을 주어 오늘날의 생물을 이루었는지 생각해 본다.

흥미점	BC. AD 타임 라인의 색깔에 의미를 부여 한 까닭을 알게 될 때.
실수정정	세기의 이름을 정확히 알지 못할 때.

변형확대 및 응용	• 1세기 카드 뒷면에 로마숫자를 적어 로마 숫자를 자연스럽게 익힌다. • 역사적인 사건을 적은 쪽지나 그림을 각 시기에 놓게 한다. • 100체인, 1000체인을 가지고 BC, AD 타임 라인 밑에 놓아보게 한다.	지도상의 유의점
		각각 BC AD 카드를 놓아 보게 한다.
		관찰 (아동 평가)
		아동이 BC AD 카드를 제 위치에 놓을 수 있는가?

역사

활동(8)

주 제	인간의 기본적인 욕구 (Fundamental ental Needs of Humans)	대상연령	6~9세
교 구	인간의 기본적인 욕구 카드		
목 적	직 접	사람이 살아가는데 꼭 필요한 것을 알아보고 감사하는 마음을 갖는다.	
	간 접	인간이 기본적인 욕구를 성취하기 위하여 어떤 노력을 하고 있는지 알 수 있다.	
선행학습	BC, AD 타임라인		
언 어	물질적 욕구, 정신적 욕구		
교구 제시			

활동과정
(상호작용)
	• 제시1) 인간의 욕구에 대한 이야기
	  – 무인도에 혼자 있게 되었다면 꼭 필요한 것이 무엇인지 생각해 본다
	  – 시대가 변해도 인간이 꼭 필요로 하는 것을 '인간의 기본 욕구'라고 한다.
	  – 인간의 기본적인 욕구에는 어떤 것이 있을까? (음식, 옷, 주거, 안전의 욕구, 허영심, 예술, 영적인 것 등으로 아동이 답하면 교사는 종이 카드에 적어 놓는다.
	  – 이러한 욕구들을 물질적인 욕구와 정신적인 욕구로 분류해 본다.
	  – 인간의 욕구에 대한 챠트를 제시하며 매칭활동을 한다.
	
	• 제시2) 정신적 욕구와 물질적인 욕구를 알아본다 (종교, 허영심, 문화, 예술 등에 관한 내용들을 조사한다.(다른 욕구들도 동일한 질문을 통해 확인해 본다.)
	
	✱ 6세 아동의 지적상태는 무엇이든지 받아들일 수 있는 풍부한 상상력으로 지혜가 번쩍이고 있기 때문에 문화의 씨가 쉽게 내릴 수 있다.
	
	• 제시3) 인간의 기본적인 욕구충족을 위하여 어떠한 노력을 하고 있는가에 대하여 각자 연구한 것을 제시한다.

흥미점	인간의 기본 챠트의 레이블을 매칭하는것.
실수정정	인간의 기본 욕구를 이해하지 못할 때

변형 확대 및 응 용	자신만의 기본 욕구에 대한 소책자 만들기 인간의 기본적인 물질적인 욕구 정신적인 욕구에 해당되는 문화, 예술, 종교, 자기 존중감에 대한 제시카드 만들기.	**지도상의 유의점** 인간이 기본적인 욕구를 해결하기 위해 어떠한 노력을 하고 있는가에 관심을 갖게 한다. **관찰 (아동평가)** 인간의 기본 욕구를 두 가지로 분류하고 그 욕구의 만족을 위해 노력해야 하는 까닭을 아는가?

활동(9)

주 제	**문명의 발달 (조명의 역사)** (History of light)	대상연령	6~9세
교 구	인터넷 백과사전 기본적인 욕구 세 부분 카드 박스 (조명의 발달 그림, 명칭, 정의, 시기 카드)		
목 적	직 접	조명의 종류와 발달 과정을 알 수 있다.	
	간 접	각 문명의 사람들이 자신들의 욕구를 충족시켜주는 방법에 따라 다양한 문명을 형성함을 알게 한다.	
선행학습	인간의 기본적인 욕구 분류		
언 어	태양, 모닥불, 횃불, 양초, 가스등, 기름램프, 남포등, 백열등, 형광등, 손전등		
교 구 제 시			

활동과정 (상호작용)	• 제시1) 발명 순서에 관계없이 그림카드를 인상적으로 제시하기. - 전기가 없었을 때의 사람들의 생활 모습에 대하여 이야기한다. - 기본적인 욕구 카테고리가 있는 박스에서 조명영역의 그림카드를 보여주며 말한다. - 기름램프 : 그림카드를 보여주며 옛날 사람들이 천 조각에 불을 붙여 사용해보다가 램프를 개발했을 거라는 이야기를 한다. - 형광등 : 그림카드를 제시하며 형광등은 형광물질과 가스를 주입한 유리관에 전기 스파크를 가함으로 불을 밝힌다는 사실을 이야기 한다. - 가스등 : 그림카드를 보여주며 화학물질이 연소되며 불을 밝힌 사실은 조명의 혁신적인 사실이라는 사실을 제시하며 이야기한다. - 태양 : 초기인류에게는 기적과 같은 존재였다는 사실을 이야기해 준다. - 남포등 : 실로 심지를 사용하여 불을 밝힌 조명이었음을 알려준다. - 손전등(flash light) : 그림카드를 보며 건전지로 불을 밝히는 것이 앞부분의 반사 유리로 빛을 확대할 수 있었다는 사실을 알려준다. - 모닥불 : 그림을 보여주며 빛을 발하기도 함과 동시에 음식을 익히는 기능, 동물로부터의 보호기능을 함께 했던 사실을 알려준다 - 양초 : 그림카드를 보여주며 처음에는 녹는 왁스 사이에 실을 가운데 넣어 만든 조명으로 사용했고, 현대에는 다양하게 사용되고 있음을 이야기한다. - 백열등 : 그림카드를 보여주며 가는 필라멘트 부분이 전기와 연결되면서 환한 빛을 밝힌다 (에디슨의 전구발명 이야기)는 사실을 알려준다. - 횃불 : 실로 심지를 꼬아서 기름을 축이고 그것을 막대에 연결하여 불을 밝혔다는 이야기를 한다 • 제시2) 정의를 묻고 명칭을 답하게 하는 활동. - 여러 가지 등을 그리기 및 정의한 카드 한 개를 감추고 무엇이 없어졌는지를 찾아보기 - 건전지로 불을 밝히는 것이 무엇이었지? 하고 물어 본다 그 외 다른 조명의 정의도 이와 같이 묻고 답하는 과정을 거친다. • 제시3) 여러 가지 램프그림 카드를 가리키며 명칭을 말하는 활동. 3 단계 학습진행
흥미점	각 조명의 발달 이유와 원리를 이야기를 통하여 알게되는 점.
실수정정	학습에 필요한 사전조사가 잘 이루어지지 못할 때.

변형 확대 및 응용	• 가장 먼저 발명된 조명을 알아보고 발달시기와 짝을 지으며 순서대로 늘어 놓아본다 • 정의 카드를 보고 써 보게 하거나 하나 하나 읽어보는 활동. • 정의카드 그림카드 명칭카드를 하나로 만들어 소책자를 만들기.	**지도상의 유의점** 조명발달 순서보다는 그 자체의 가치와 조상들의 위대함을 알게 하는 사실이 중요하다.
		관찰 (아동평가) 조명의 발달의 어려움을 이해하고 조명의 소중함을 안다.

활동(10)

주 제	여러 범주의 발달사 (역사에 대한 수직적 연구)		대상연령	6~9세
교 구	기본적인 욕구 세부분 카드 박스(조명의 발달 그림, 명칭, 정의 카드), BC, AD 타임라인 .백과사전, 인터넷			
목 적	직 접	여러 종류의 문명(인간의 기본적인 욕구)의 시대적 발달 과정을 알 수 있다.		
	간 접	각 문명(인간의 기본적인 욕구)의 발달 단계를 알게되므로 문명의 타임라인을 알 수 있다.		
선행학습	문명의 발달(각 범주의 인간의 기본적인 욕구)			
언 어	수직적 연구			
교 구 제 시				

활동과정 (상호작용)	• 제시1) 인상적으로 제시하기. – BC, AD 타임라인을 일렬로 늘어놓는다. – 조명의 시기 카드를 각 시기에 맞게 타임라인 상에 늘어놓는다. – 조명의 그림카드를 각 시기에 맞게 타임라인 상에 늘어놓는다. – 명칭카드를 그림과 함께 놓이게 한다. – 정의 카드 설명을 읽고 그림카드에 맞춘다. • 제시2) 조명의 발달 순서를 묻고 명칭을 답하게 하는 활동을 한다. – 가장 먼저 인류에게 조명의 역할을 해준 것은 무엇이지? (태양) – BC 400000년경에 발달하게 된 조명은 무엇이지? (모닥불) – BC 6000년경에 발달하게 된 조명은 무엇이지? (횃불) – BC 1300년경에 발달하게 된 조명은 무엇이지? (양초) – BC 100년경에 발달하게 된 조명은 무엇이지? (기름램프) – AD 1700년경에 발달하게 된 조명은 무엇이지? (가스등) – AD 1800년경에 발달하게 된 조명은 무엇이지? (남포등) – AD 1880년경에 발달하게 된 조명은 무엇이지? (백열등) – AD 1898년경에 발달하게 된 조명은 무엇이지? (손전등) – AD 1940년경에 발달하게 된 조명은 무엇이지? (형광등) • 제시3) 조명 방법에 쓰인 등들의 특성 사용법일 알아본다. • 제시4) 그림카드를 가리키며 사용했던 시기를 말하는 활동을 한다.	
흥미점	조명의 발달과정이 하나의 타임라인으로 형성되는 점. 각 시대별로 발달한 조명의 종류를 통하여 그 시대의 문화를 아는 점.	
실수정정	시기 카드와 그림카드를 바르게 짝짓지 못하였을 때	
변형 확대 및 응 용	• 인간의 기본적인 욕구 신체적 욕구 사회적인 욕구 정서적인 욕구 문화적인 욕구 등에 대하여 조사 기록한다.	**지도상의 유의점** 아동 자신이 연구하고 싶은 범주의 발달 과정을 심화하여 조사연구하도록 한다. **관찰 (아동평가)** • 각 시기에 맞는 조명의 잘달사를 이해하는가? • 그림카드와 정의카드, 명칭카드를 알맞게 매치시키는가?

활동(11)

주 제	여러 범주의 발달사 (수직·수평적 연구)	대상연령	6~9세
교 구	기본적인 욕구, 세 부분 카드박스 (조명의 발달 그림, 명칭, 정의, 시기 카드), BC와 AD의 타임라인		
목 적	직 접	각 시대의 인간의 기본 욕구(문명)의 발달을 알 수 있다.	
	간 접	각 시대 인간의 기본 욕구(문명)의 발달을 앎으로써 그 시대의 문화를 이해할 수 있다.	
선행학습	인간의 기본욕구(문명)의 발달의 수직적 연구		
언 어	수평적 연구		
교 구 제 시			

활동과정
(상호작용)
	제시1) 특연구 방법 제시
	• 수평적 연구 : 자세하고 깊이 있게 연구하는 것 (사례를 들어 설명한다)
	• 수직적 연구 : 긴 시기의 흐름을 찾아보고 연구하는 것 (사례를 들어 설명한다)
	
	• 제1단계) 인상적 제시.
	  - BC, AD 타임라인 위에 시간별로 조명의 역사 그림카드를 놓는다.
	  - 마찬가지로 다른 욕구 그림카드를 시간별로 놓아본다.
	  - 명칭 카드, 정의 카드도 함께 매치 시켜본다.
	
	• 제 2단계) 특정 시대의 발달 문명 알아보기.
	  - 아동이 관심이 있는 시대의 문명 발달을 살펴보게 한다.
	  - 같은 시간대의 문명카드를 모아 공책에 붙이고 알게 된 사실을 기록하게 한다.
	   (인터넷이나 백과 사전을 보고 연구조사)
	
	• 제 3단계) 특정 시대의 카드를 보며 그 시대의 이름 알아 맞추기.
	  - 특정 시대의 카드를 제시하며 시대의 이름을 말하게 한다.
	  대통령, 과학자, 예술가, 변호사, 애국자 등
	  우리나라의 시대별, 주요 연대별, 음악, 건축, 전쟁의 역사 등 다양한 시대별
	  사연 찾기

흥미점	문명 카드가 밀집되어 있는 시대를 눈으로 확인하는 것.
실수정정	B.C와 A.D의 용어를 이해하지 못할 때.

변형 확대 및 응용	• 특정 시대의 문화를 각 문명카드로 심화하여 연구하게 한다. • 아동 개개인이 시대별 타임라인을 만들어 본다.	**지도상의 유의점** 인간의 기본적인 욕구를 이해시킨다. **관찰 (아동평가)** 각 사연별 시대별로 알맞게 카드를 늘어놓을 수 있는가?

활동(12)

주 제	손이 없는 하느님	대상연령	6~12세
교 구	빅뱅챠트, 카메라 플래쉬, 붉은색 스팽글조각, 대야, 물, 태양챠트, 유리잔4개, 얼음, 유리구슬, 버너, 호일3개, 왁스, 철, 물의 순환챠트, 식용유, 꿀, 시험관3개, 화산모형, 베이킹소다, 붉은색 식용색소, 식초, 화산챠트, 태양계 우주챠트		
목 적	직 접	지구의 생성과정을 대강 감지하고 우주에 소중함을 갖는다.	
	간 접	지구 생성 원리를 통해 그 시대의 문화를 이해할 수 있다.	
선행학습	인간의 기본욕구(문명)의 발달의 수직적 연구		
언 어	수평적 연구, 교구이름		
교구 제시			

교구 제시	**(설명글)** (제1장) 태초에 우주는 깊은 바다의 모습과 같은 어둠만이 있었습니다. 단지 작은 먼지들만이 떠돌아 다닐 뿐이었습니다. 그리고 지금으로부터 150억 년 전 어느 날 이 우주에는 '빅뱅'이라는 큰 사건이 일어났습니다. 빛이 생겨난 것입니다. 이전에는 형언할 수 없을 정도로 어둡고 찬, 시작도 끝도 없는 무한한 어둠만이 있었습니다. 누가 그 끝도 없는 공간과 어둠, 얼음보다도 더 찬 기운을 상상할 수 있을까요? 차가움을 생각할 때 우리는 얼음을 연상합니다. 그러나 별들과 멀리 떨어진 우주의 차가움에 비교한다면 얼음은 차라리 뜨겁다고 할 수 있습니다. 조금의 열도 새어나가지 못하는 타오르는 용광로만큼이나 뜨겁다고 할 수 있을 것입니다. 이처럼 헤아릴 수 없는 차갑고 어두운 우주에 빛이 생겨난 것입니다. 전 우주는 그 구름 속에 휩싸였고 아주 작은 별들 중에는 우리 지구도 있었습니다. 그러나 그때까지 그것들은 아직 별들도 아니었고 빛과 열을 제외하면 아무 것도 아니었습니다. 열이 너무나 강해서 우리가 아는 철, 금, 흙, 바위, 물 등과 같은 모든 물질들이 만질 수 없는 가스로 존재하였습니다. (제2장) 빛과 열로 이루어진 이 구름은 셀 수도 없는 조각들로 나뉘어져 결코 다시는 만날 수 없는 방식으로 우주로 흩어졌습니다. 별들은 각각 수백만k마일 씩 떨어지게 되었습니다. 밤하늘에 볼 수 있는 수많은 별들이 바로 그 조각들입니다. 별빛이 우리에게 도착하기까지 얼마나 걸리는지 아세요? 1초에 108600 마일을 이동합니다. 즉 1초에 지구 7바퀴를 도는 셈입니다. 얼마나 빠를지 상상해 보십시오. 손가락으로 짤깍 소리를 내는 동안 빛은 지구를 이미 7바퀴를 돈 셈입니다. 과학자들은 또한 너무나도 많은 별들이 있다고 산출해냈는데 가령 별 하나를 모래 알갱이 하나로 비유하였을 때 모든 별들이 전체 영국을 200미터 높이로 덮을 수 있다고 합니다. 이러한 별들 중의 하나가 태양이고 이 모래 알갱이의 백만 분의 일 조각이 우리의 지구입니다. 무와 다름없는 보이지도 않는 점인 것입니다. 지구가 얼마나 큰지 아십니까? 25000마일 우리가 밤낮으로 쉬지도 않고 계속해서 차로 여행한다면 그 거리를 달리는데는 열흘 이상이 걸릴 것입니다. 태양이 그리 크게 보이지 않기 때문에 위와 같은 생각을 하지 않을지도 모릅니다. 그렇지만 그것은 태양이 너무 떨어져 있기 때문입니다. 태양의 빛이 우리에게 도달하는 데에는 약 8분이 걸리고 우리가 한 시간에 백 마일의 속도로 여행을 해서 태양에 도달하는 데에는 106년 이상이 걸립니다. 사실 태양은 지구의 백만 배의 크기입니다. 그 불꽃 하나가 22개의 지구를 포함할 수 있을 정도로 큽니다.

활동과정 (상호작용)	제시1) 인상적 제시. • 빅뱅챠트를 보면서 우주의 생성에 대한 과학이야기 들려주기 (설명글)을 재미있게 들려주며 실험을 해 보인다. • 태양과 지구의 크기(챠트1) 이야기하고 우주의 위대함을 느낄 수 있도록 한다. 제시2) 얼음이야기 (지구의 온도) 친화력과 폭발을 실험을 통하여 학습한다. 제시3) 수없는 화산폭발로 인한 지각이나 온도 지형의 변화를 이야기한다.	
흥미점	실험을 통하여 화산이 폭발하는 것을 보는 것	
실수정정	실험문제와 실험도구를 정확히 알지 못할 때	
변형 확대 및 응용	• 우주의 생성과 감사함을 연극으로 꾸며서 발표한다.	지도상의 유의점
		교사는 아이의 도움을 받으며 실험을 주고하고 우주생성의 인상적 장면을 인지하게 한다.
		관찰 (아동평가)
		우주의 광활함을 알고 과학적인 우주생성을 감지하는가?

활동(13)

주 제	**긴 검정 띠** (Time Line)	대상연령	6~9세
교 구	50센티 x 7센티의 검은 띠의 끝 2센티에 흰색천이 붙은 띠 (줄로 대신해도 무방함)		

목 적	직 접	지구의 역사와 인류의 역사를 시각적으로 알 수 있다.
	간 접	지구의 긴 역사 중 인류의 역사가 굉장히 짧음을 한 눈에 봄으로 인간의 겸손함을 알게 한다.

선행학습	문명의 발달에 대한 수직적, 수평적 연구
언 어	지구의 역사, 인류의 역사
교 구 제 시	검은색 흰색 검 은 띠

역 사 35

활동과정 (상호작용)	제시) 긴 역사와 인간의 존재 - 교사는 사전에 검정 띠를 보석 상자 같이 아주 예쁜 상자에 담아둔 후 아주 멋지고 소중한 것을 꺼내 보이는 효과를 발휘한다 - "이 띠는 지구의 탄생에서부터 지구의 역사를 말해주는 거란다" 라고 말하며 띠를 천천히 풀어간다. - 띠의 절반 정도를 풀면서 지금까지도 지구상에는 아무 것도 살지 않았단다' 라고 말한다. - 띠가 약 5m정도 남았을 때 바로 이때 바다에서부터 생명체가 탄생하였단다" 라고 말해준다. - 사용되는 검은 띠의 치수　1센티미터 = 100만년 　　　　　　　　　　　　10센티미터 = 1000만년 　　　　　　　　　　　　100센티미터 = 1미터 = 1억 년 　　　　　　　　　　　　10미터 = 10억 년 　　　　　　　　　　　　40미터 = 40억 년 　　　　　　　　　　　　50미터 = 50억 년 　　　　　　　　　　　　(지구의 나이 = 50억 년) - 지구상의 포유류는 1억 년 동안 살아오고 있다. - 문명 생활은 100만년동안 지속되어 왔다. - 알려진 문명 생활은 5000년 동안 동안 지속되어 오고 있다 - 띠의 마지막 끝에 연결된 흰색 부분부터 인류의 역사가 시작되었음을 말해 준다.
흥미점	긴 띠를 따라 아동과 이동해 보는 것.
실수정정	m와 cm의 역사기준을 가늠하지 못할 때.

변형 확대 및 응용	검정 띠를 팀별로 만들어 본다(아마 운동장 둘레만큼 길어지기도 한다.)	**지도상의 유의점** 길고 긴 역사의 검정 띠를 보고 역사의 흐름을 감지하도록 한다.
		관찰 (아동평가) 검정 띠나 긴 줄을 이용하여 지구의 긴 역사를 시각적으로 인지하며 역사와 인간의 관계를 이해하는가?

활동(14)

주 제	대(代)-The Clock of Eras		대상연령	6~9세
교 구	일반 벽걸이용 시계(또는 face 시계), clock of ears			
목 적	직 접	지구의 역사를 대별로 나누어 알 수 있다.		
	간 접	지구의 역사를 각 대별로 차지하는 시간을 시각적으로 알 수 있다.		
선행학습	긴 검정 띠			
언 어	Ear(대), 형성기, 무생물대, 원생대, 고생대, 중생대, 신생대			
교 구 제 시				

역 사 37

활동과정 (상호작용)	＊지구의 시간대 학습계획 • 제시 1) 첫 번째 제시. 　－일반 벽걸이용 시계를 보여 주며 여기에 시간이 있었지? 　－바늘이 완전히 한 바퀴를 돌려면 12시간이 걸렸지? 그런데 지금부터 우리가 만들려는 시계는 훨씬 더 긴 시간을 나타내려고 한단다. 　－지구가 이글거리는 가스였을 때부터 지금 까지를 나타내 주는 특별한 시계가 될 거야. 　－그런데 각각이 색깔이 다른 저 시계는 1시간이 2억 5천만년을 나타낸단다. 　－clock of ears를 보여주며 이것이 우리가 만들려는 대 즉 '시계' 라는 거야" 라고 말해준다. • 제시 2) 두 번째 제시. 　－clock of ears를 부분별로 조각 낸 것을 아동에게 보여 주며 이야기해 준다. 　－검정 색 부분(0시~4시)이 지구가 시작되어 형성된 때란다. 이글거리는 가스상태를 거쳐 단단한 막을 형성하는 지구가 되었지. 물의 분자들이 순환 운동을 거듭해 지구의 겉은 조금씩 식어 갔지만 내부는 여전히 뜨거워서 틈만 있으면 밖으로 나오려고 했어. 엄청난 양의 비가 내려서 물이 고이기 시작했고 차츰 가스층이 얇아져서 태양의 빛이 비추기 시작했어. 그것이 0~4시까지의 지구의 '시간대' 란다.(2억 5천만년 ×4=10억만년) 이 때를 '무생물 시대' 또는 "형성기" 라고 부른단다. 　－이제 시계의 색깔이 바뀌어 노란색 부분이 되었는데 이 시기를 "원생대' 라고 부르지.(25억년) 이 시기는 최초의 생명이 있던 시기로 바다는 걸쭉한 죽과 같은 형태였고 원생생물을 거쳐 좀 더 복잡한 결합 과정을 거친 뒤 단세포생물이 출현하게 되었다. 이 시기는 '엄청난 비의 시기' 라고도 불리는데 이 비는 자꾸 많은 양의 염분과 미네랄을 바다로 이동 시켰어. 단세포 생물들은 미네랄과 염분을 먹음으로 차츰 바다는 정화되기 시작하고 새로 태어난 생물들은 딱딱한 껍질을 가지게 되었지.(무의식적인 봉사의 개념) 　－파란색 부분의 시기에는 대기권이 두껍지 않아 자외선이 강렬히 내리쬐게 되는데 이때 생물들은 대부분 바다 속에서 살게 되고 단세포 생물이 결합된 것보다 진화된 생물들이 출현하게 되었다. 이 시기 말기에는 해로운 자외선이 어느 정도 사라지고 바다 속의 생물들이 육지로 이동하게 되는데 박테리아의 출현도 이 시기 말기에 있었단다. 이 시기를 고생대라고 한단다.(3억 8천 5백 만년) 　－갈색 부분의 시기는 물에서도 육지에서도 사는 양서류가 나타나고 이어 파충류로 진화해 공룡의 시대가 되었지. 말기에는 조류의 출현도 있는데 이 시기를 중생대라고 부른단다.(1억 5천만년) 　－새로운 생명의 시작을 알리는 초록색을 띤 이 시기에는 곤충과 식물의 관계가 새로워졌단다. 이 시기 말기에는 피가 따뜻하고 새끼를 낳아 젖을 먹이는 포유류가 등장

활동과정 (상호작용)	했는데 이 시기를 "신생대 Ⅰ기"라고 부른단다.(6천5백만 년) – 마치 이 시계가 끝난 것 같지만 실처럼 가늘게 시계를 놓을 수 있는데 이 빨강 색 부분에 인간이 등장하게 되었어. 초기에는 엄청난 빙하기가 있어 초기 인간의 역할은 매우 작았으나 불을 사용하게 되면서 역할이 차츰 커지기 시작했지. 이 시기를 신생대 Ⅱ기라고 부른단다. (4백만 년) • 제시 3) – clock of ears의 무생물 대를 가리켜 보겠니? 라고 묻고 아동이 검정 색 시간대를 가리키게 한다. – clock of ears의 각 부분과 조각 맞추기. – 조각과 각 시대 명칭 카드 맞추기. – 각 대의 정의 카드 만들기. – 각 대의 각도 재어보기. • 제시 4) – 교사가 clock of ears 의 검정 색 부분의 시간대를 가리키며 이 시대를 무엇이라 부르지? 라고 묻고 아동이 "무생물 대"라고 답할 것이다. – 다른 대의 시간대도 묻고 답하는 과정을 함께 한다.
흥미점	시계와 clock of ears를 비교해 보는 일.
실수정정	clock of ears의 각 대의 색깔과 명칭을 바르게 맞추지 못할 때.

변형 확대 및 응 용	• 색칠이 되어 있지 않은 조각난 clock of ears 중 여러 대를 검정색, 노란색, 파란색, 갈색, 빨강색 등으로 칠해보기. • clock of ears의 각 부분과 조각 맞추기. • 조각과 각 시대 명칭 카드 맞추기. • 각 대의 정의 카드 만들기. • 각 대의 각도 재어보기.	**지도상의 유의점** 대의 시간적인 개념을 너무 강조하지 말고 대강의 긴긴 역사의 분위기를 읽을 수 있도록 한다. **관찰 (아동평가)** 아동이 clock of ears에서 각 대의 명칭을 알고 있는가?

활동(15)

주 제	생명의 타임라인 (Time Line of Life)	대상연령	6~9세

교 구	시계챠트, 생명의 타임라인, 폭1m, 길이2m, 답안챠트, 블랭크챠트, 그림카드

목 적	직 접	생명의 역사를 타임라인을 통해서 알 수 있다.
	간 접	생명의 역사를 시각적으로 봄으로써 생명의 성장, 멸종, 변화에 대한 적응 상태를 알 수 있다.

선행학습	clock of ears
언 어	생명의 타임라인, 고생대, 캄브리아기, 오르도비스기, 실루리아기, 드보니아기, 석탄기, 이첩기, 중생대. 신생대, 레마피테쿠스, 오스트랄로피테쿠스

교 구 제 시	

활동과정 (상호작용)	• 제시 1) 인상적인 제시. 　- 둥근 사과껍질을 칼로 깎아 내면 긴 줄의 껍질이 되듯이 지난 시간에 배운 clock of ears의 겉 거죽을 도려내면 어떤 모양이 되겠니? 라고 말한다. 바로 이런 띠가 된단다 하며 직선 띠 모양의 시계를 교실 한바퀴 돌며 보여준다. 　- 고생대 이후 생물이 처음 출현한 사실을 기억하지? 　생명의 타임라인을 쭉 늘어놓으며 "우리가 각 생물들이 태어났던 것들을 죽 늘어놓으면 이렇게 될 거야" 라고 말한다. 　- 제시:초기의 생물들로 부터 인류에 이르기까지 과정을 살펴보며 각각의 생물들이 다음 세대의 생물에 어떤 도움을 주어 오늘날의 생명을 이루었는지 생각해 보게 한다. 　- 얼음그림은 빙하기를 뜻하는데 지구 대부분이 빙하로 덮여 있었어. 빙하기 이전보다는 그 이후 시기가 좀더 따뜻해졌단다 얼음산의 정점은 가장 추웠을 때를 의미하지. 타임라인의 빨간 선은 이때 존재했던 생물들의 역사를 말하고 굵기가 굵고 많이 올라간 지점은 가장 번성했던 시기를 말한단다. 검정 색 덩어리는 석탄을 의미하는데 엄청나게 많은 식물들이 죽어 쌓여 압축되어 만들어진 거란다. 또 산맥 그림을 통하여 지구의 변화를 볼 수가 있지! 　- 고생대는 무척추동물의 시기이다. 즉 어류의 시기, 양서류의 시기라고 구분할 수 있는데 삼엽충의 시기라고 말할 수 있는 캄브리아기, 극피동물이 번성한 오르도비스기, 갯나리가 번성한 실루리아기, 어류와 녹조류가 번성하고 최초의 폐어가 등장했으며 바퀴벌레가 등장한 시기인 드보니아기, 녹조류가 육상으로 이동하고 폐어가 양서류로 발전하고 고사리와 잠자리가 번성하던 시기인 석탄기, 파충류가 번성하고 많은 육지 생물이 번성하기 시작하며 바다의 염분이 육지로 올라와 육지는 사막을 형성하게 되어 많은 곤충들이 변형하게 된 이첩기로 나누어진다. 　- 중생대는 트라이아스기, 쥬라기, 백악기로 나누어지는데 작았던 파충류들이 커지면서 공룡이 되는데 육지, 바다, 공중(날개를 가진 시조새) 모든 곳에 살

활동과정 (상호작용)	게 된단다. 겉씨식물이 번성하게 되고 말기에는 꽃을 가진 진화된 식물이 나타나게 되고 포유류의 출현과 빙하기도 시작된단다. - 신생대는 포유류의 시기이다. 1기에는 등이 굽은 완전치 못한 포유류가 등장, 멸종, 진화하기도 했다. 신생대 2기에 최초로 원숭이가 등장하고 다른 동물들도 나타나지. 신생대 3기에는 포유류의 몸집이 커지며 신생대 4기에는 '레마피테쿠스'라는 사람의 형태가 출현한단다. 신생대 5기에는 '오스트랄로피테쿠스'가 등장하지. 신생대 후기에는 현재의 인류와 같은 존재가 등장했단다. • 제시 2) 각 시기의 정의를 묻고 명칭을 답하는 활동. - 생명이 최초로 등장하게 된 시기를 가리켜보렴? 이라고 물으면 아동이 고생대를 가리키게 한다. (다른 시기의 정의도 묻고 시간대를 답하게 한다.) • 제시 3) 명칭을 묻고 정의를 답하는 과정. - 캄브리아기의 특징은 무엇이었니? 라고 교사가 물으면 아동은 삼엽충의 시대라고 생명의 타임라인을 가리키며 답하게 한다. (다른 시기도 명칭을 묻고 정
흥미점	동물, 식물의 발생, 진화, 멸종의 과정을 그림으로 보는 일.
실수정정	제시한 시기의 특색을 찾아 말하지 못할 때.

변형 확대 및 응용	• 답안 챠트 (work book)를 보며 blank chart에 그림카드를 놓아보기. • 화석을 가지고 그 시기에 맞게 놓아보기. • 자신의 흥미에 맞는 시기를 선택하여 사진 자료 찾아보기.	**지도상의 유의점** 아동이 생명의 타임라인을 통해 생명의 역사를 대강 감지할 수 있는가? **관찰 (아동평가)** 평소에 타임라인을 걸어두지 않도록 한다.

활동(16)

주 제	**도구의 발명 손 챠트**	대상연령	6~9세
교 구	가로 10피트 세로 1피트(약30.5cm)의 검정천과 가로 0.5인치 세로 1피트(12인치:약 30Cm)의 빨강천, 돌맹이를 쥔 손그림			
목 적	직 접	인간의 도구 사용의 역사를 알 수 있다.		
	간 접	인간의 도구 사용 역사를 통하여 인간의 겸손함을 알 수 있다.		
선행학습	생명의 타임라인, 심볼의 사용, 종교적인 매장, 불의 사용, 도구의 사용, 두뇌크기 옆모습			
언 어	손챠트			
교 구 제 시				

역 사 43

활동과정 (상호작용)	• 제시 1) 인상적 제시. – "모든 인간의 역사가 담겨있는 검정 띠를 풀어 볼 거야" 라고 하며 천천히 검정 띠를 풀어 간다. – 검정 천을 풀어가면서 옆으로 걸어간다. – 인간은 걸을 수 있었고 음식을 찾아다니고……. 라고 말하면서 중간부분까지 풀어나가며 걷는다. – 여기서 특별한 일이 일어나려고 해요. "어! 특별한 무엇인가가 나타났군요" 하며 돌을 깎고 있는 듯한 손 그림을 펼친 검정천 안에서 보여준다. – 바로 우리 인류의 위대한 발명이 이때부터 시작된 것이지. 최초의 도구의 발명이 시작되었단다. – 검정 띠를 계속 풀어 나가면서 인류의 발명이 계속되었다는 사실을 이야기해 준다. – "어떤 특별한 일이 벌어질 것 같군요. 여기를 보세요!" 하며 빨강 띠 부분을 보여준다. 이 빨강 띠 부분은 인간의 문자 발명을 나타낸단다. • 제시 2) – 인류 역사에 있어 가장 인간을 인간답게 해준 특별한 일이 일어난 시기를 가리켜보겠니? 라고 물으면 아동이 도구의 발명과 문자의 발명 부분의 손 챠트를 가리킨다. • 제시 3) – 교사가 손 부분의 그림이 있는 곳을 가리키며 이 부분에서 인류에게 일어난 특별한 일은 무엇이지? 라고 묻고 아동이 도구의 발명이라는 답을 유도해야 한다. – 교사가 빨강 띠의 부분을 가리키며 이 부분에서 인류에게 일어난 특별한 일은 무엇일까? 라고 묻는다 (예: 문자의 발명)
흥미점	인류의 도구발명의 역사를 극적인 제시로 접하는 것.
실수정정	인간생활에서 도구 사용의 다양성과 필요성을 인지하지 못할 때.

변형 확대 및 응 용	• 인류가 발명한 것들을 인터넷 또는 백과 사전에서 찾아서 기록한 후 친구들에게 소개한다. • 인류가 발명한 것들을 판토마임으로 나타내본다	지도상의 유의점
		인간생활에는 여러 가지 생활도구가 절실히 필요함을 인지 인간은 무엇을 위해서 손과 도구를 사용하게 되었는지 관심을 갖도록 한다.
		관찰 (아동평가)
		아동이 인류가 사용해 온 도구의 역사에 관심을 가지게 되었는가?

활동(17)

주 제	인류의 진화		대상연령	6~9세
교 구	인류의 타임라인 챠트 불, 도구, 인간의 세 부분 카드			
목 적	직 접	인류의 역사를 타임라인을 통해 알 수 있다.		
	간 접	인류의 발달과 진화를 타임라인을 통하여 시각적으로 알 수 있다.		
선행학습	손 챠트			
언 어	호모헤빌리언스, 직립원인, 네안데르탈인, 크로마뇽인, 직립보행, 두뇌의 크기 옆모습			
교 구 제 시				

역사 45

활동과정
(상호작용)
	인류의 타임라인을 살펴보자
	• 제시 1) (첫 번째 제시) 인상적 제시 (얼굴과 사람의 생김 새)
	  – 첫 번째 제시에서는 인류의 각 이름을 가르쳐준다.
	    맨 위의 선 그림은 지질의 상태를 의미하고
	    두 번째는 인간의 발달모습
	    세 번째는 도구의 발달모습
	    네 번째는 음식물의 유형
	    마지막 맨 아래에는 연대가 나타나 있단다.
	• 제시 2) 두 번째 제시
	  – 최초의 인류는 오스트랄로피테쿠스란다.
	  – 1500만 년 전에 손을 사용하는 인류가 출현했는데 '도구를 사용하는 인간'이라는 뜻의 호모헤빌리언 이라 불렸단다. 우연한 기회에 도구를 얻게된 인류는 사냥을 시작하게 되었단다.
	  – 직립원인은 불을 사용한 인류이고 잎 사이에 무언가를 끼워 먹는 식으로 음식형태가 발전하게 되고 큰 공동체를 이루고 살았다. 이 때 사람의 뇌의 크기는 조금 커졌다.
	  – 인류의 뇌가 커져가면서 그들이 만드는 도구도 훨씬 복잡하고 정교해졌고 보다 큰 공동체를 이루며 살게 되는데 이들에게 네안데르탈인 이라는 다른 이름을 붙여주었단다. 뇌의 크기가 가장 컸고 보석을 걸치고 시체의 매장 등의 영적인 의식을 치르는 모습을 보여주고 있다
	  – 크로마뇽인은 보다 큰 공동체를 이루면서 분업을 했다, 정교한 도구의 사용으로 천 같은 것도 얇게 벗겨내고 동물 뼈를 다듬어 정교한 도구를 만들기도 했다. 예술적 영적인 활동의 표현으로 동굴 벽화를 남겼다.
	• 제시 3) 정의를 묻고 명칭을 말하는 활동.
	  – 최초로 도구를 사용한 인류는? 라고 물으면 호모 헤빌리언스라고 답할것이다. (다른 인류의 정의도 묻고 명칭을 답하게 한다.)
	• 제시 4)
	  – 교사가 호모헤빌리언스 의 뜻은 무엇이지? 라고 물으면 아동은 도구를 사용한 인간 이라고 답한다. (다른 인류도 명칭을 물으면 정의를 답하게 한다.)

흥미점	인류의 역사를 그림으로 보는 것.
실수정정	최초의 인간 모습과 현재의 사람들의 달라진 점을 찾아내지 못할 때.

변형 확대 및 응용	• 각 인류의 정의카드를 만들기 • 각 인류의 두개골 모형을 타임라인 위에 놓아보기. • 각 인류에 관한 사진 자료 찾아보기.	**지도상의 유의점**
		인류의 변화와 생활에 따른 문화의 발달에 대한 관심을 가지게 한다.
		관찰 (아동평가)
		아동이 인류의 발달과정을 이해할 수 있는가?

개별화 교육을 위한
몬테소리 교수-학습 지도안

역 사
(9-12세)

도서출판 몬테소리

차 례

활동(1) 시간의 개념 (우주의 나이·역사) ·· 50

활동(2) 생명의 출현 ·· 52

활동(3) 생명의 상호작용 ·· 54

활동(4) 수의 역사(이집트 수 계산법, 원시인) ··· 56

활동(5) 인간의 시기(불의 사용) ·· 58

활동(6) 인류의 진화(Time Line of Human) ··· 60

활동(7) 문명의 4가지 조건 ·· 62

활동(8) 위대한 문명의 기원 ·· 64

활동(9) 고대문명 ·· 66

활동(10) 고대역사(이집트 문명) ·· 68

활동(11) 고대역사(역사의 3가지 단계 학습) ·· 70

활동(12) 고대역사(역사질문 챠트) ·· 72

활동(13) 한국의 역사(타임라인 만들기) ·· 74

활동(14) 긴 역사를 가진 우리나라 ·· 76

활동(15) 광복을 위한 노력 ·· 78

활동(16) 6. 25 전쟁 ·· 80

활동(17) 한국 정부 ·· 82

활동(18) 한국의 대통령 ·· 84

활동(19) 서울의 역사 ··· 86

활동(20) 서울의 이모저모 ·· 88

활동(21) 우리고장(예 : 서울 송파구,강동구) ·· 90

활동(1)

주 제	시간의 개념 (우주의 나이와 역사)		대상연령	9~12세
교 구	역사의 검은 띠 길이 100m 폭 8-10인치이며 앞에 반 인치의 빨간 띠(Big Bang 부분)가 있는 검정 띠, 우주 챠트			
목 적	직 접	생명들이 지구상에 존재해 온 시간의 길이와 인간이 존재해 온 시간이 얼마나 짧은가에 대한 이해를 한다.		
	간 접	관찰력, 주의 집중력, 논리력 사고력을 기른다.		
선행학습	생명의 타임라인.			
언 어	우주, 단세포, 다세포, 양서류, 파충류, 포유류			
교 구 제 시				

활동과정 (상호작용)	• 제시1) 우주의 나이 교구는 검은 천 100m - 앞부분이 조금 붉은 천으로 준비 | 적색	검 정 색	지구의 나이	인간
---	---	---	---
	100m	50m		 앞부분 빨강 : 빅뱅이 시작되면서　　1m = 1억년 우주가 순간적으로 생성됨.　　　　10m = 10억년 　　　　　　　　　　　　　　　100m = 100억년 아주 작은 공간에 미세한 물질이 있었는데 순간 폭발이 일어나 핵이 창출됨 (無에서 有가 이루어지는 창조의 순간 - 빅뱅 순간) • 제시2) 우주의 역사 　교구는 우주의 생성에서부터 현재의 지구의 모습에 이르는 우주와 지구의 변화 과정을 2억년 단위로 보여주는 사진카드를 준비한다. 　제시는 사진카드들을 150억년 전의 것부터 하나씩 늘어 놓으며 시간의 흐름에 따른 우주의 변화모습을 자세히 관찰하게 한다. 　우주의 변화 모습을 말로만 할 것이 아니라 정확하고 과학적인 내용을 시각적인 구체물로 보여 주어 흥미롭고 실감나는 역사로의 접근을 보여준다. • 제시3) 지구의 나이(Time Line) 　교구 : 검은 천 (50m x 7cm) - 끝에 2cm 정도의 흰색 천이 붙어있음. 　　1cm = 100만년 　　10cm = 1000만년 　　1m = 1억년 　　50m = 50억년 (지구의 나이로 봄) • "50억년 전 우주에 지구가 생긴 뒤 화산이 폭발하고 냉각 과정을 거치면서 생명체가 살 수 있는 준비를 하였다."라는 지구의 생성에 관한 이야기를 들려주며 말아 놓은 검은 천을 풀어서 기나긴 지구의 나이를 실감할수 있게 보여주며 맨 끝에 있는 2cm 정도의 흰 색이 인간이 나타나서 살아온 시기임을 설명한다. • 겸손에 대한 도덕적인 교훈 주기 　지구상에 인간이 출현하기 이전의 검은 기간이 대단히 길어서 지구에서 　인간의 삶을 나타내는 흰 줄은 거의 눈에 띄지 않는다.
흥미점	검은 띠를 보고 긴긴 역사를 느끼는 것.
실수정정	시간에 대한 개념을 인식하지 못할 때
변형 확대 및 응 용	벽화의 재연 (과거의 우주 역사 탐색) 동굴 벽을 상상하며 갱지를 구겨서 동굴을 만들어 보고 벽화 식으로 어제 한 일을 그림으로 나타낸다.	**지도상의 유의점** 지구의 역사보다 더 긴 우주의 나이를 설명하고 우주 생성부터 현재까지의 시간을 설명한다 **관 찰 (아동평가)** 역사의 검은 띠를 알고 소책자를 제대로 만들었는가?

활동(2)

주 제	생명의 출현 (Time Line of Life)	대상연령	9~12세
교 구	생명의 역사, 타임라인(Time Line) 챠트 바구니 속의 여러 교구 (화석 그림 종이로 공작한 공룡 및 사진)		
목 적	직 접	지구에 살고 있는 생물들의 역사를 알고 생명을 가진 생물들을 사랑하고 보호하는 마음을 갖는다.	
	간 접	생명의 타임라인은 모든 과목의 기반이 되고 유래가 됨을 이해한다.	
선행학습	생명의 출현(Time Line of Life)		
언 어	고생대, 중생대, 신생대, 데본기, 카본기		
교 구 제 시			

활동과정 (상호작용)	제시1) 아동들을 불러모아 바구니 속에 들어있는 시대별 교구를 하나씩 집게 한다. • 교사가 말하고 관계되는 자료를 가진 아동은 교구를 타임라인 밑에 올려놓으며 새로운 타임 라인을 만들어 간다. 　- 고생대 : 생명이 폭발하듯 늘어난다. 　- 삼엽충, 스펀지, 해면, 갯나리, 바다 전갈 등 산호, 데본기, 카본기 순으로 학습한다. 　- 땅에서 나는 첫 번째 식물이 나타난다. 　- 중생대 : 파충류, 침엽수인 소나무, 수공룡, 리아누스사우르스. 　- 처음으로 꽃과 식물이 나타났다. 　- 신생대 : 지금의 어류와 비슷한 어류 나타남, 맘모스, 맨 마지막 나타난 것이 인간이다. 제시2) 인간은 특별한 손을 가지고 있다. 　- 뇌 - 매우 크다(뇌 사진) 　- 사랑 할 수 있는 힘(♡) 오린 것 놓기 → 종족 보존 　- 손과 뇌를 이용한 새로운 도구 만들어 낸다. • 연구된 정의 카드.	
흥미점	새로운 타임라인을 만들어 감으로써 아동 자신들이 관심있는 것으로 구성해 가는 점.	
실수정정	타임라인에 나타난 생물의 특징을 감지하기 어려울 때	
변형 확대 및 응용	• 한 가지 시대를 골라 자세히 연구 할 것. (교사가 각 기별로 색깔을 다르게 하여 과제를 내줌) • 첫 해의 과제 : 그림을 본 것 과 내용을 써 보기 • 둘째 해 과제 : 1~2명씩 나누어서 그 시대를 연구하게 하여 발표한다.	**지도상의 유의점** 고생대, 중생대, 신생대의 용어를 익힌다. **관찰 (아동평가)** 타임라인의 특징을 알고 관계되는 자료를 찾아 연대별로 늘어놓을 수 있는가?

활동(3)

주 제	생명의 상호작용	대상연령	9~12세

교 구	각 시대의 폴더, 생명의 Time Line, 손챠트

목 적	직 접	생명의 Time Lime의 시대적 특징을 안다. 동물과 식물의 상호 작용, 진화과정, 환경의 적응 등을 이해한다.
	간 접	모든 교과목의 학습에 도움이 됨을 이해한다.

선행학습	생명의 time line

언 어	진화, 상호작용, 번식 단세포

교 구 제 시	

54 몬테소리

활동과정 **(상호작용)**	제시1) 타임라인 제시 하기(우주적인 관점으로 제시) 　-어떻게 동물과 식물이 상호 작용을 했는가? 　-어떻게 진화과정이 이루어졌는가? 　-진화를 하면서 환경에 어떻게 적응했나? 　-번식 : 단세포에서 시작하여 분열되고 결합하여 인간까지 환경에 따라 어떻게 변해져 왔는가? • 창조된(created) 생명의 보존과 조화 (preserve harmony) 　-모든 사람(존재)은 각각의 특별한 임무를 갖고 있다. 　-곤충, 동물, 식물 : 상호 관계를 유지하며 살아가고 있다. • 우주적인 사람 : 모든 존재들이 번식과 진화를 거쳐 마지막에는 다른 감각의 사랑을 갖게 되었다. • 자기 생존을 위해 무엇을 해야 하는가?(take for yourself give) 　-인간은 필요한 것을 의식적으로 선택하여 수행할 수 있다.
흥미점	상호 협동 평화의 생각으로 공동작업에 참여하는 것.
실수정정	타임라인을 보고 학습 내용을 인식하지 못할 때

변형 확대 **및** **응 용**	• 소책자 만들기 • 퍼즐 만들기 • 퍼즐 • 리서치 카드	**지도상의 유의점**
		조화, 사랑, 우주적인 관점, 번식, 상호협조와 협동, 인류애의 소중함을 갖도록 한다.
		관찰 (아동평가)
		우주적 관점에서 Time Line의 시대적 특징을 이해하는가?

활동(4)

주 제	**수의 역사** (이집트 수 계산법, 원시인)	대상연령	9~12세
교 구	이집트에 관한 책, 이집트에 관한 기사, 세계퍼즐지도, 아프리카 퍼즐지도		
목 적	직 접	수의 역사에 대하여 이해한다.	
	간 접	수의 읽기 쓰기 셈하기의 기초적인 이해를 한다.	
선행학습	인간의 출현		
언 어	로마 숫자, 이집트 숫자		
교 구 제 시			

활동과정 (상호작용)	• 수의 역사 제시1) 원시인의 수세기. – 원시인은 수를 세지 않고 나타내는 말도 없고 태양, 달, 별, 그림자로 하루의 시간을 가늠했다. – 고대 이집트인이나 메소포타미아인 들은 서로가 아주 멀리 떨어져서 살았기 때문에 일종의 숫자들을 발달시켰다. 제시2) 로마 숫자로 쓰기. – 나이, 가족의 수, 교실의 학생 수, 전화 번호를 로마 숫자로 써 본다. 제시3) 이집트 숫자 알아보기. – 이집트의 나일강 가의 개구리 알과 이집트 수의 표현에 대한 이야기 개구리 알이 조금 일 때 – 0, 많을 때 – 000, 아주 많을 때 – 0000000 – 이집트 숫자를 오늘날의 숫자로 알아본다. – 오늘날의 수를 이집트 수로 고쳐 쓴다. – 이집트 숫자로 물건의 수 계산하여 나타낸다.
흥미점	오늘날의 수를 이집트 로마 숫자로 바꾸는 작업을 하는 것.
실수정정	이집트 숫자로 수 계산하면서 오류를 정정한다.

변형 확대 및 응용	• 수수께끼 만들기 • 내가 마음대로 숫자를 만들어보고 설명해 보기	**지도상의 유의점**
		로마숫자, 이집트 숫자를 오늘날의 숫자로 환산하여 제시 해 준다.
		관찰 (아동평가)
		이집트 숫자로 수 계산 놀이를 할 수 있는가?

활동(5)

주 제	인간의 시기(불의 사용)	대상연령	9~12세

교 구	인간의 시기 (타임 라인)		

목 적	직 접	인간의 타임라인의 발달 과정을 안다. 불을 사용하면서 인간생활에 큰 변화가 왔음을 안다.
	간 접	넓은 차원으로의 사고력 전환을 기한다.

선행학습	생명의 시기 (time line of human)
언 어	빙하기, 부싯돌, 시신 매장
교구 제시	

활동과정
(상호작용)
	• 제시1) 인간의 타임라인을 보여주며 개괄적인 설명을 해 준다.
	 - 무엇을 볼 수 있지?
	 - 빙하기 → 온도 → 도구 → 그림 등을 보게 한다.
	 - 빙하기를 몇 번 볼수 있습니까?
	• 제시2) 온도를 나타내는 곡선 보기.
	 - 곡선 위쪽은 동물과 식물, 인간이 사용한 도구들이 사이사이에 있다.
	 - 밑부분은 인간이 어떤 생활을 했나 보여주는 그림이다.
	• 제시3) 최초 50만 년 전 불을 이용할수 있다는 것을 깨달았다.
	  (최초의 불은 번개의 발견이었다)
	 - 무엇인가 수분을 말리는 그림을 보여 준다.
	 - 40만 년 전에는 불을 이용하여 돌을 깨뜨렸다.
	 - 30만 년 전에는 마찰하여 (부싯돌) 언제나 불을 얻었다.
	• 제시4) 얻은 불로 음식을 요리하였으며 이때 인간의 아래턱이 강하게 변화했다.
	 - 시신을 매장했다 (호모 사피엔스)
	 - 식량이나 가축들의 확보를 위한 사냥에 많은 시간을 보냈다.
	  (맘모스 사냥)
	• 제시5) 모여서 사는 그림을 보여주고 문명의 발전을 이야기한다.
	 - 맨 마지막에는 현재의 우리들 모습을 보여준다.
	 - 내용이 적혀 있는 하얀색 카드를 매칭하기.	

흥미점	인간이 불을 이용하여 생활이 크게 변화되었다는 것을 알게 될 때.	
실수정정	타임라인의 취지를 모를 때.	
변형 확대 및 응용	• A4용지에 해, 산, 강을 그리고 나무, 새, 물고기, 사람 순으로 그리도록 하고 이들 서로가 서로를 필요로 하고 도움을 주고 받는 사례를 글로 써본다. • 앞으로 진화할 인간의 모습을 예상하여 글로 써보고 발표한다. (복제 인간에 대한 토론)	**지도상의 유의점** 맨 처음 인간의 Time Line 지도시 빙하기→온도→도구→그림 등을 보게 한다. **관찰 (아동평가)** 인간의 진화과정을 간단히 요약하여 설명할 수 있는가?

활동(6)

주 제	**인류의 진화(6개의 인류)** (Time Line of human)	대상연령	9~12세
교 구	길이 3m, 폭 36cm로 인류의 출현과 발달과정을 보여주는 큰 챠트 그림카드(옆모습, 다리, 뇌, 손과도구, 불, 매장, 상징이 있는 그림들) 7개 개름의 명칭카드와 6개의 인류 진화순서대로의 명칭카드		
목 적	직 접	인류의 진화 발달을 한 눈에 볼 수가 있다.	
	간 접	인류의 진화를 시각적으로 알 수 있다.	
선행학습	인류의 타임라인		
언 어	라마피테쿠스, 오스트랄로 피테쿠스, 호모하빌리스, 호모 에렉투스, 호모 사피엔스(현생인류), 호모사피엔스(크레마뇽인)		
교 구 제 시			

활동과정
(상호작용)
	옆모습(flattened profile), 직립보행(walking upright), 두뇌크기(enlarge brain, 도구의 사용(use of tools), 불의 사용(use of fire), 종교적인 매장(ritual buril), 심볼의 사용(use of symbols)의 특성에 대하여 조사연구한다.
	
	제시1 : 6개 인류를 시기별로 구별하기
	• 인류의 타임라인에 나오는 인류의 각 이름을 상기시킨다.
	• 원인부터 현생인류까지 각각의 특징을 설명한다.
	• 인류의 명칭카드는 왼쪽에 수직으로 그림카드의 명칭카드는 위쪽에 수평으로 놓게 한다. 각 인류의 명칭카드를 발달 순서대로 나열한다.
	  라마피테쿠스 오스트랄로피테쿠스-호모하빌리스-호모에렉투스-호모사피엔스(네안데르타인 Neandertal)-호모사피엔스사피엔스(크로마뇽인)(Cro Magnon) 크로마뇽인은 현대인류의 조상으로 분류됨을 말해 준다.
	  옆모습 직립-두뇌용량-도사용-불사용-매장 상징
	
	제시2 : 라마피테쿠스부터 해당되는 인류의 그림카드를 놓으면서 설명한다.
	① 라마피테쿠스(Ramapithicene)는 원인이라고 말할 수 있다. 뇌 용적량 현대인의 1/10정도로 아주 적었다.(옆모습 그림카드 놓기)
	② 오스트랄로피테쿠스-옆모습그림 뇌용적(500cc)-직립보행 유인원적인 요소가 많았다. 가장 오래된 '루시' (아프리카에서 많이 발견됨)
	③ 호모 하빌리스(Homo habilence)-옆모습 그림-직립보행-뇌용적그림(650~800cc)
	  -도구사용
	④ 호모에렉투스(Homo eroctus)-옆모습 그림-직립보행-뇌용적(900~1200cc)
	  도구사용-불을 사용
	⑤ 호모사피엔스(네안데르탈인)-옆모습그림-직립보행·뇌용적(1200~1600cc)
	  -도구사용-불을 사용(익힌음식)-매장풍습(현대적 인간이며 강하고 근육이 발달했고 인간을 영적 존재로 생각)
	⑥ 호모사피엔스사피엔스-옆모습그림-직립보행-뇌용적(1500~2000cc)
	  -도구사용-불을 사용-매장풍습 상징을 사용(벽화)

흥미점	인류의 진화 모습을 분석하여 비교하는 것
실수정정	그림카드를 순서대로 놓지 못할 때
변형 확대 및 응 용	• 도구의 발달 순서를 조사해 보기 • 고대 벽화에 대해 조사해 보기 • 불의 역사에 대해 조사해 보기 • 동물들의 뇌의 용적량을 조사하고 비교해 보기	**지도상의 유의점** 인류의 진화에 따른 문화를 분류하여 연구관심을 갖도록 한다. **관찰 (아동평가)** 아동이 인류발달과정을 분류할 수 있는가?

활동(7)

주 제	문명의 4가지 조건	대상연령	9~12세
교 구	고대문명 지도		
목 적	직 접	문명의 4가지 조건을 알고 고대문명 발상지와 그 특성을 이해한다.	
	간 접	문명은 인간 필요의 욕구 충족을 위해 이루어졌음을 이해한다.	
선행학습	4종류의 인간그림.		
언 어	문명, 고대문명, 발상지		
교 구 제 시			

활동과정 (상호작용)	제시1) 문명의 4가지 조건 알아보기. 　－ 집단→마을, 도시, 협동생활(live together)등 공동생활 　－ 간단한 규칙 필요 (system government)와 관련된 정부적 규칙 알아보기 　－ 의사소통 (some Form Writing)과 관련한 생활이야기 　－ 문화활동 (cultural activity) 과 관련한 편의성 사고 • 자기 공책에 문명이 되기 위한 4가지 조건을 기록한다. 제시2) 고대 문명 지도 보기. 　－ 무엇을 알 수 있나? 　－ 따뜻한 지역, 강 유역에 발생한다. 그래서 문명의 이름에 강 이름을 붙이기도 했다. 제시3) 지도에 세계 문명의 발상지를 표시해 본다. 제시4) 소책자 만들기 － 고대문명의 특징을 주제로 한다. • 소책자의 내용을 이야기한다.	
흥미점	지도에서 문명의 공통점 찾아보는 것	
실수정정	문명의 4가지 조건을 요약하지 못할 때	
변형 확대 및 응용	공동생활 정부적 규칙과 의사소통 알아보기 고대인의 교통수단을 시대별로 알아보기 (로마시대, 중세, 16세기, 17세기, 18세기)	**지도상의 유의점** 아동의 능력에 따라 학습의 양과 속도를 조정한다. **관찰 (아동평가)** 문명의 4가지 조건과 고대 문명의 특징에 관심을 갖는가?

활동(8)

주 제	위대한 문명의 기원	대상연령	9~12세
교 구	세계백과지도, 타임라인 고대 문명 지도, 노랑카드(문명을 적은)		
목 적	직 접	시대적 문명의 특징을 알아보고 그림(whole picture)를 보고 설명할 수가 있다.	
	간 접	문명의 발달에 대하여 관심을 가지고 연구하는 태도를 기른다.	
선행학습	문명의 4가지 조건		
언 어	B.C(Before century), A.D(Anno domino) 문명, 기원		
교 구 제 시			

활동과정 (상호작용)	제시 1) 타임라인 늘어 놓기 - 시대에 따른 문명의 명칭카드와 정의카드 짝짓기. 　- 카드 [BC와 A.D의 주요 문명] 주고 해당되는 곳의 위치에 놓아 본다. 　　(대부분의 위대한 문명들은 BC에 포함된다) 제시 2) 각각의 문명에 대해서 아는 대로 이야기하기. 　- 노랑카드 옆으로 세워놓기 　- 걸어가며 읽어 본다. 　- 설명카드를 매칭하기(읽으면서 나열하도록 하기) 제시 3) 아이들 나름 대로의 문명에 대한 설명카드를 만든다. 　- 만든 카드를 타임라인에 늘어 놓는다. 　- 시대문명의 내용을 말한다.
흥미점	문명에 대한 설명카드를 만들어 게임을 할 때
실수정정	문명에 대한 카드를 시대에 맞게 매칭하지 못할 때

변형 확대 및 응용	시대별 문명 카드와 정의카드 만들기	**지도상의 유의점**
		문명의 발전에 대한 전체 그림 카드(whole picture)를 미리 주도록 한다.
		관찰 (아동평가)
		문명들의 특징을 잘 알고 설명 카드를 만드는가?

활동(9)

주 제	고대문명	대상연령	9~12세

교 구	고대문명지도

목 적	직 접	고대문명의 다양한 자료를 수집하여 정리 해석한다.
	간 접	자료수집, 정리, 분류, 해석하는 방법을 안다.

선행학습	위대한 문명의 기원

언 어	고대문명, 중세문명

교 구 제 시	황하문명 / 메소포타미아문명 / 이집트문명 / 인더스문명

활동과정 (상호작용)	제시 1) 4대 문명 발상지에서 조별로 한 곳을 선택한다. (이집트문명, 메소포타미아 문명, 인더스 문명, 황하문명 등) • 그들이 살았던 ① 시대 ② 장소(지도에 표시하기로) ③ 기후 ④ 음식종류 ⑤ 주거형태 ⑥ 의복 ⑦ 가족생활(하는 일) ⑧ tabs(신분에 따라서) ⑨ 의사소통 방법 ⑩ 교통수단 ⑪ 발명품(ex.이집트, 파피루스) ⑫ 종교 ⑬ 정부형태 ⑭ 문화생활 ⑮ 그 문명에 어떤 일이 있었는가(⇒발생⇒유성⇒다른 문명에 의해 멸망)를 연구한다. 제시 2) 한 명이 2~3가지를 뽑아서 조사 요약하여 발표한다. 예) 이집트인의 일과 직업 ⇒ 아동 쓰기 ⇒ 교사확인 • 자기가 조사한 내용을 아동이 반의 수만큼 복사해서 나누어주는 방법이 있다. • 발표하는 날 조사한 것들을 유인물로 만들어 모든 사람이 나눠 갖기 • 모두모아 한 권의 책으로 완성하기.
흥미점	자신이 조사한 것이 책으로 완성될 때
실수정정	4대 문명의 발상지를 모를 때

변형 확대 및 응용	- 연구 제목 : 고대문명 - 3월 : 메소포타미아문명 • 한 달 동안 15가지 내용을 하나씩 맡아서 하기. - 4~5월 : 이집트 - 5월 : ancient - 9월 : 고대로 문명 - 10월 : 고대한국 문명 - 11~2월 : 자기가 원하는 주제를 정해서 연구하기 • 고대미국문명-마야, 잉카, 아즈텍 문명, 중세문명 • 중세문명 : 중국, 르네상스	지도상의 유의점
		자료조사에 대한 안내와 필요한 자료의 선별작업을 천천히 안내한다.
		관찰 (아동평가)
		고대문명 주제에서 2~3가지를 선택하여 리서치를 잘 했는가?

활동(10)

주 제	고대역사 (15가지 질문에 따른) 이집트 문명		대상연령	9~12세
교 구	고대 문명 지도			
목 적	직 접	이집트 문명에 대한 질문의 내용을 이해한다.		
	간 접	고대 문명과 현재 우리 나라 문명과의 관계로 생각해본다.		
선행학습	고대 문명			
언 어	파피루스, 파라오, 사제, 역사신문			
교 구 제 시				

활동과정
(상호작용)
	제시 1) 이집트 문명의 발상지를 지도에서 찾아보기.
	
	제시 2) 여러 가지(약 15가지) 주제에서 뽑아서 조별 활동으로 리서치하기.
	  - 파피루스를 둘둘 말 것.
	  - 드라마로 구성 (아들이 연구한 내용을 자신이 제시한 방법 중 하나로
	    (예: 파라오 사제 등으로 나누어 행동으로 보여주기) 하여 발표한다.
	  - 역사신문.
	  - 그들의 음식-슈퍼마켓을 차려서 광고하게 하기.
	
	제시3) 구두 발표 (oral presentation) 하고 교사는 비디오로 녹화한다.
	  - 그 시대의 의상 같은 것을 갖춰 입거나 여의치 못하면 사진 등으로 본다.
	  - 구두로 발표할 때는 공책을 보고 읽지 않는다.
	  - 10개의 카드에 요점을 적게 하고 잘 알지 못할때는 카드내용을 보고 말로 발표한다.
	  • 수수께끼 / 시(시 짓기는 음악과 연결시켜)나 조각 작품을 제작한다.	

흥미점	시대에 맞는 의상 등 드라마로 구성해 보는 것.	
실수정정	10개의 카드에 육하원칙을 몰라서 요점을 간추려 적지 못할 때	
변형 확대 및 응용	종교와 문명 • 각 문명의 종교에 대하여 조사하여 쓰기 (종교에 대한 수평적 작용) • 종교는 문화이고 문명의 일부분이기 때문에 다양한 문화를 연구해 본다.	**지도상의 유의점** 이집트 문명 대신 다른 문명을 선정해도 가능하다. **관찰 (아동평가)** 이집트 문명의 주요한 특징을 한 가지 이상씩 알게 되었나?

활동(11)

주 제	고 대 역 사 (역사의 3가지 단계 학습)	대상연령	9~12세
교 구	고대 문명 지도		
목 적	직 접	문명 발달 단계에 관심을 가지고 연구 할수 있다.	
	간 접	고대 문명과 현재의 역사와 연계하여 보고 인간생활의 발달사에 관심을 갖고 연구할 수 있다.	
선행학습	고대역사		
언 어	유랑생활, 농경생활, 청동시대, 봉건, 신세계, 산업혁명		
교 구 제 시			

활동과정 (상호작용)	제시10) 문명의 발달단계를 연구하기 • 14C의 새로운 문병을 연구 조사한다. • 문명을 연구하는 또 다른 방법은 없을까? • 전 세계 역사는 세 가지 단계로 나눌 수 있다. • 1단계 : 유랑생활 　- 유랑민은 항상 이동하는 사람으로 - 사용하는 도구가 적었다. 이동의 주된 원인은 음식이며 현재도 유랑 생활인들이 있다. 　- 가축을 사용하기 시작하면서 조금씩 머물게 되었고 식물을 재배하였다. • 2단계 : 농경 · 정착생활 　- 식물을 경작하기 위해 물이 필요했으며, 식물을 경작하여 식량 공급이 늘어나자 인구가 늘고, 물을 끌어드렸다. 　- 관계 수로를 만들기 위해 여러 가지 기구를 발명하게 되었다. 　- 식량공급이 원활하면서 사람의 관심이 다른 쪽으로 이동하였다. • 3단계 : 도시생활 　- 청동시대→철기→봉건→신세계 발전 ⇒산업 혁명 소책자 만들기 정의 카드 만들고 그룹별로 발표한다. • 문명의 단계 특징을 이야기한다. 　강유역의 문명, 유럽과 아시아의 문명, 마야잉카 아스텍도 문명
흥미점	소책자를 만들어 보는 것.
실수정정	유랑, 농경, 도시생활의 특징을 알지 못할 때

변형 확대 및 응용	• 강에서 시작된 문명에 대하여 연구한다.	**지도상의 유의점** 강유역에서 시작되는 문명의 발달에 대하여 조사해 오도록 한다. **관찰 (아동평가)** 문명의 발달에 관심을 가지고 조사 연구하는 능력이 있는가?

활동(12)

주 제	고대역사(역사질문챠트)	대상연령	9~12세
교 구	질문 차트 (The Nature of the country brown) 인간의 실질적 활동들에 대한 그림카드, 정신적 관점은 밝은 파랑에 만든다.		
목 적	직접	고대의 자연환경과 인간의 일상생활에 대한 자료를 수집하여 분류하고 해석하는 능력을 기른다.	
	간접	고대 역사에 대한 관심과 이해를 넓힌다.	
선행학습	고대 역사의 3가지 단계, 고대 역사에 관련된 그림들		
언 어	식물 군, 동물 군		
교 구 제 시			

활동과정 (상호작용)	제시 1) 역사질문 : 챠트를 4가지 방법이상으로 질문을 한다. - 자연환경에 대한 질문을 만들어 질문카드를 제작한다. - 이 지역의 모양과 기후는 어떠한가? - 이 지역의 식물군과 동물군은 어떠한가? - 어떤 사람들이 살았는가? - 어떻게 그들이 오게 되었으며, 왜 왔는가? - 자연 환경의 좋은 점은 무엇인가? 제시 2) 인간들의 일상생활 활동에 대한 질문카드를 만들어 본다. - 어떤 종류의 일과 직업을 가지고 있고, 무엇을 생산했나? - 어떤 도구와 어떤 기술을 가지고 있었나? - 어떻게 그들의 나라를 갖고 거주했나? - 어떻게 천연자원을 이용했나? • 문화를 보는 정신적 관점 알아보기 • 그룹 내 그룹이나 타 그룹간의 관계는 어떠했는가? 제시 3) 소책자 만들기.
흥 미 점	소책자 만들어 역사 질문 지도를 만들어 보는 것.
실수정정	자신의 일상생활 활동을 발표할 수 없을때

변형 확대 및 응 용	컴퓨터 작업으로 질문을 쓰고 질문에 대한 답을 컴퓨터로 쳐서 교구를 만들어 본다.	**지도상의 유의점**
		한 챠트를 가지고 한 아이가 작업하고 다른 아이들이 보고 함께 할 수 있도록 한다.
		관 찰 (아 동 평 가)
		고대의 자연환경과 인간의 일상생활에 대한 자료를 수집 분류 해석 할 수 있다.

활동(13)

주 제	한국의 역사 (타임라인 만들기)		대상연령	9~12세
교 구	국사 연대표			
목 적	직 접	선사시대 이후 민족국가들의 생활을 이해한다.		
	간 접	역사의 소중함을 우리역사에 관심을 가지고 연구한다.		
선행학습	고대 역사			
언 어	고조선, BC1-AD2세기, 선사시대, 민족국가, 삼국시대, 삼국시대, 고려시대, 조선시대, 대한민국			
교 구 제 시				

활동과정
 	
(상호작용)
	제시 1) 역사 연표에 카드 늘어놓기.
	  - 선사시대와 고조선.
	  - 생활모습, 우리민족의 건국, 신라.
	  - 단군 왕검의 역사적 의의 등을 알아본다.
	
	제시 2) 여러 나라의 출현.
	  - 삼국시대.
	  - 신라의 삼국통일.
	  - 발해의 건국과 역사적 의의.
	  - 고려의 건국과 재통일 과정.
	  - 조선의 건국.
	  - 대한민국이라는 이름은 어떻게 지어졌나?
	  - 지도를 보여주며 이야기하기.
	
	제시 3) 민족국가 지도와 연도가 적혀있는 카드를 아동에게 주고 연대 순으로 배열해 보기.
	
	제시 4) 민족국가 하나를 선택하여 자세하게 책 또는 공책에 연도와 국가별로 쓰기
	  - 보고서 쓰기
	  - 새로운 타임라인을 만들어 보기
	  - 'who am I?' 카드 만들기.

흥미점	새로운 우리나라 역사 연표(타임라인)를 만들어 보는 것.
실수정정	'who am I?' 카드 만들기가 서툴 때

		지도상의 유의점
변형 확대 및 응 용	• 우리나라의 옛 도읍지를 알아보고 카드화한다. • 옛 도읍지를 방문할 수 있는 여행 안내서와 여행지도를 만들어 본다.	교실에 많은 역사서적을 사전에 마련한다.
		관찰 (아동평가)
		• 나는 누구인가?(who am I?) 카드놀이를 잘 할수 있는가? • 새로운 타임라인을 익숙하게 만드는가?

활동(14)

주 제	긴 역사를 가진 우리나라 (역사를 빛낸 위인들)	대상연령	9~12세
교 구	우리나라 역사 타임라인		
목 적	직 접	우리나라의 역사를 빛낸 위인들의 업적을 알아보고 그 시대의 발전모습을 관련지을 수 있다.	
	간 접	나라를 위해 내가 할 일을 계획하고 실천하려는 의욕을 갖는다.	
선행학습	한국의 역사학습		
언 어	단일민족		
교 구 제 시			

활동과정 (상호작용)	제시1) 위인 카드를 보고 위인에 따른 정보 이야기하기(1-2분) 우리나라의 위인들의 이름과 업적을 열거해 보기 (사전학습 연구물 제시) 제시2) 우리나라 역사 타임라인 살펴보기. - 대체적인 시대의 흐름 이야기하기. - 현재의 나는 어느 시점에 있는지 타임라인에서 확인하기. - 각 시대별 대표적 위인들의 세 부분 카드, 사진 등을 타임라인을 짝지으며 이야기하기. 제시3) 위인들의 세부분 카드를 타임라인의 각 시대의 맞추어보고 소책자 만들기 : (위인 인명 사전) - who am I ? 카드하기. (아동은 우리나라 위인에 대한 것 서로 서로 퀴즈 내기) - 위인들의 타임라인 만들기. - 위인 한 명을 선택하여 리서치하기.
흥미점	• 나는 누구인가? (who am I?) 카드놀이 • 질문카드에 답을 제대로 했을때.
실수정정	퀴즈 문항을 만들지 못할 때

변형 확대 및 응용	• 닮고 싶은 위인을 콜라쥬 기법으로 꾸민 후 업적, 본받을 점과 자신의 느낌을 써 본다. • 위인이 한 일과 현재의 직업과 관련시켜보기.	지도상의 유의점
		조상들의 나라사랑 정신과 국난극복을 위한 노력에 대해 미리 조사시킨다.
		관찰 (아동평가)
		우리 나라의 역사를 빛낸 위인들의 훌륭한 점을 찾아 낼 수 있는가?

활동(15)

주 제	광복을 위한 노력	대상연령	9~12세

교 구	역사타임라인

목 적	직 접	일본에 국권을 빼앗긴 이후 우리 조상들의 항일운동을 살펴보고 조상들의 용감한 독립투쟁력을 배운다.
	간 접	국가의 소중함을 알고 애국심을 갖게 한다.

선행학습	한국의 역사 학습

언 어	항일독립 정신, 의병, 주전, 을사보호 조약, 일제, 무력 정치, 3. 1 운동

교 구 제 시	

활동과정
(상호작용)
	제시 1) 우리나라 역사 내용을 적은 카드를 연대순으로 배열하기
	   - 나라의 주권을 빼앗긴 과정과 그 원인 알아보기.
	   - 조선시대의 독립운동가에 대해 이야기한다.
	   - 공책에 타임 라인을 만들어 보기.
	   - 사건 한가지를 선택하여 연구하고, 5분 정도 말하기.
	   - who am I? 카드놀이 하기.
	
	제시 2) 3.1운동, 독립 운동 시 일어난 모든 사건에 대한 카드를 연대순으로 나열하기
	   - 사건 1개를 선택하여 연구하기.
	   - 우리나라는 왜 독립해야 하나?
	   • 타임라인을 노트에 기록하기.
	   • 3.1독립선언문 낭독 등을 교실에서 재연해 봄으로써 체험 해 보기.

흥미점	독립선언문을 교실에서 만들어 볼 때
실수정정	who am I? 카드놀이에 성공하지 못할 때

변형 확대 및 응 용		지도상의 유의점
	• 독립이 되기까지 배경을 자세히 연구 조사하기. • 나라를 잃은 국민들의 생활과 슬픔을 알아보기.	독립운동이 일어나게 된 원인을 자세히 다룬다.
		관 찰 (아 동 평 가)
		우리 조상의 독립투쟁 상황을 이해하는가?

활동(16)

주 제	6.25 전쟁	대상연령	9~12세
교 구	6.25전쟁에 대한 타임라인		
목 적	직 접	6.25전쟁의 원인과 진행과정, 피해 결과를 이해한다.	
	간 접	전쟁에 대한 경각심을 일깨우고 평화의 소중함을 안다.	
선행학습	독립운동		
언 어	6.25 전쟁, 공산당, 38선		
교 구 제 시	1945~1950 : 제 2차세계대전, 히로시마 원자 폭탄 투하 무조건 항복 1950. 6. 25 : 새벽 4시 한국전장벌 발(휴가. 농번기), 북한 공격(암호:폭풍), 세계인들 경악, 소련무기 지원, 한국군 무방비, 주력부대 서쪽 - 서울(목표) 1950. 6. 27 : 미아리 패배. 1950. 6. 28 : 6.25 서울 함락, 2시 28분 한강 폭격 1000명 사망. 1950. 6. 29 : 서울 함락 선언, 서울 500여년 동안 정치, 경제, 외교, 문화, 조사등, 한민족 매우 고행, 중부와 동부(춘천 2군데 지킴 승리), 북괴 서부 작전 빗나감. 청일권 육군참모 총장(3일) 1950. 6. 30 : 다시 북괴 직격 트로먼상군투입 명령. 1950. 7. 1 : 부대 도착. 스미스 부대 540명중 15전사, 75명 포로. 1950. 7. 7 : 유엔안보 UN투입 결정. 16개국 한국 파명지원, 34번 1000명, 최고 2개 기동함대, 공군 3개군 전략. 1950. 7. 20대란 : 후퇴, 24사단정도로 대거 함락, 중동부 전선. 1950. 7. 25 : 낙동강 방어선 미8군사령관, 어린학생 낙동강 피로 물들어, 미국 B29 대폭격기로 낙동강 영신전투. 1950. 8~9 : 미국 - 일본 D-Day 급 1950. 9. 15 : 크로마이트 작전, 인천상륙, 미군20사단 174부상, 북한국 - 1400사망 1950. 10. 1 : 38선 넘어서, 지상군 75000함선 261척 1950. 10. 19 : 중공군 압록강 넘다, 중국 - 모택동 1950. 11. 16 : 낮2시 압록강 도착. 1950. 11. 27 : 중국 참전. 1951. 4. 11 : 맥아더 해임. 노병은 죽지 않는다. 다만 사라질 뿐이다. 자료 : 인터넷		

활동과정 (상호작용)	제시 1) 우리 나라 지도 살펴보기. • 6.25전쟁의 많은 원인과 배경 알아보기. • 아동 초대하여 연대순으로 카드를 배열하기. 제시 2) 남한과 북한의 생활상 비교해보기. - 질문카드를 보고 내용을 공책에 써 보기. 제시 3) 6.25의 Time Line 만들어 보게 한다. - 여러 주제 중 한 가지를 선택하여 연구·조사하고 5분 정도 발표하기 (복사하여 나눠주기) 제시 4) 전쟁으로 인한 피해와 예방책을 알아보기. - 'who am I?' 카드하기. - 소책자 만들기 (사진이나 화보도 곁들여) - 지도 퍼즐놀이하기.
흥미점	인터넷에서 Time Line을 만들어 볼 때
실수정정	평화의 소중함을 깨닫지 못할 때

		지도상의 유의점
변형 확대 및 응용	• 현재 남북통일 추진내용을 조사 연구하여 발표한다. • 이산 가족의 문제점을 알아보기. • 통일 후의 우리 나라의 발전상을 예상하여 써보기.	6.25전쟁의 원인과 남북평화적통일을 위하여 할 일을 계획 한다.
		관찰 (아동평가)
		6.25전쟁의 원인과 피해를 알고 평화의 소중함을 인식하고 있는가?

활동(17)

주 제	한국 정부	대상연령	9~12세
교 구	정부 조직표 우리나라의 좋은 점을 연구해온 과제물		
목 적	직 접	우리나라 정부의 구성과 하는 일을 알아보고 우리나리의 좋은 점을 안다.	
	간 접	민주주의의 우월성을 알고 우리나라의 좋은 점을 인식한다.	
선행학습	한국의 역사		
언 어	입법기관, 사법기관, 행정기관		
교 구 제 시			

활동과정 **(상호작용)**	제시 1) 한국정부의 조직 표를 본다. • 정부가 어떻게 구성되어 있는지 알아 본다. - 행정기관 : 대통령 - 사법기관 : 대법관 - 입법기관에 대해서 조사해온 것을 발표한다. - 행정기관에 대해서 조사해온 것을 발표한다. - 사법기관에 대해서 조사해 온 것을 발표한다 - 설명카드 놓기(각각의 기관에 대한 설명이 한 문장씩으로 된 카드임) - 설명 카드를 따로 늘어놓기 게임 - 'who am I?' 카드놀이 하기 제시 2) 국민과 국가와의 상호 작용에 대해서 이야기한다. • 우리나라의 좋은 점을 20가지 이상 써 보자 국가의 소중함을 소감문으로서 그룹별로 낭독한다.
흥 미 점	사회의 구성과 그 다양한 역할을 알 때
실수정정	설명카드로 미로 놀이가 잘 되지 않을 때

변형 확대 **및** **응 용**	우리나라 좋은 점을 종이카드에 써서 코팅하여 자료로 제시한다. • 질문카드 만들기. • 대통령, 국회의원, 대법관의 역할 놀이 해보기.	**지도상의 유의점**
		정부기관의 각 부처별 역할과 중책을 이야기한다.
		관 찰 (아 동 평 가)
		각 행정기관에서 하는 일의 특징을 이해하는가?

활동(18)

주 제	한국의 대통령	대상연령	9~12세
교 구	한국의 역사 타임라인. 대통령에 대한 타임라인 한국의 역대 대통령의 사진 및 치적사항을 미리 조사하여 만든 세 부분 카드		
목 적	직 접	한국 대통령의 타임라인을 만들고 대통령의 역할과 치적 사항을 안다.	
	간 접	근대사에 관심을 갖고 연구하는 힘을 기른다.	
선행학습	한국의 역사.		
언 어	5.16 . 4.19 학생 운동		
교 구 제 시	1 ~ 3 대 : 이승만 대통령 1948.7.20-1960.4.27 4 대 : 윤보선 대통령 1960.8.13-1962.3.24 5 ~ 9 대 : 박정희 대통령 1963-12.17-1979.10.26 10 대 : 최규하 대통령 1979.12.6-1980.8.16 11~12 대 : 전두환 대통령 1980. 9.1- 1988.2.24 13 대 : 노태우 대통령 1988.2.25-1993.2.24 14 대 : 김영삼 대통령 1993.2.25-1998.2.20 15 대 : 김대중 대통령 1998.2.25-2003.2.28 16 대 : 노무현 대통령 2003.2.25- 취임식		

활동과정
(상호작용)
	제시 1) 한국의 역사, 대통령의 타임라인으로 조사 발표하기
	• 과거 유명한 임금님들의 치적 사항을 조사 하기
	• 조사 연구해 온 역대 대통령의 치적사항을 이야기 하기.
	• 우리 나라 대통령의 이름과 임기, 치적사항을 조사하기
	• 그 동안 우리 나라 대통령 사진을 순서대로 나열하기
	  - 대통령 이름 쓰고, 재직한 연도 쓰기.
	  - 대통령에 대한 타임 라인
	  - 대통령에 대한 많은 정보. 사건을 넣어 놓고 매칭 시키기
	  - 'who am I?' 카드놀이 하기.
	
	제시 2) 우리나라 대통령의 본받을 점 이야기하기
	
	제시 3) 모의로 대통령 선거해 보기		

흥 미 점	모의로 대통령 선거를 해 보는 것.		
실수정정	우리나라 대통령의 훌륭한 점을 발표하지 못할 때		
변형 확대 및 응 용	국민의 입장에서 보는 대통령의 책임과 의무를 생각하여 써본다 '내가 대통령이 된다면' 할 일을 글로 써서 발표해 보거나 학급문집을 만든다.		지도상의 유의점
^^	^^		각 대통령의 핵심적인 치적사항을 미리 과제로 조사 해오도록 한다.
^^	^^		관 찰 (아 동 평 가)
^^	^^		역대 대통령의 타임 라인과 치적사항을 잘 만들고 설명을 잘 할수 있는가?

활동(19)

주 제	서울의 역사		대상연령	9~12세
교 구	서울의 역사 타임라인, 서울의 지도			
목 적	직 접	서울지역 선사시대의 역사에 대하여 이해한다.		
	간 접	우리 민족이 조국을 지켜온 노력과 뿌리를 이해하고 계승발전시킨다.		
선행학습	한국의 역사			
언 어	선사시대, 역사시대			
교 구 제 시	<table><tr><td>1</td><td>위례성</td><td>삼국시대</td><td>백제 온조왕 1년</td></tr><tr><td>2</td><td>북한산</td><td></td><td>백제때 정한 이름</td></tr><tr><td>3</td><td>북한성</td><td></td><td>고구려 장수왕시대 이후</td></tr><tr><td>4</td><td>북한산군</td><td></td><td>고구려 문종 21년</td></tr><tr><td>25</td><td>남평양</td><td></td><td>장수왕 63년</td></tr><tr><td>6</td><td>신 주</td><td>신라시대</td><td>24대 진흥왕 15년</td></tr><tr><td>7</td><td>북한산주</td><td></td><td>진흥왕 18년</td></tr><tr><td>8</td><td>남천주</td><td></td><td>진흥왕 29년</td></tr><tr><td>9</td><td>한주</td><td></td><td>35대 경덕왕 16년</td></tr><tr><td>10</td><td>양주</td><td></td><td>52대 효공왕 8년</td></tr><tr><td>11</td><td>남경</td><td>고려시대</td><td>11대 문종 21년</td></tr><tr><td>12</td><td>한양부</td><td></td><td>25대 충렬왕 34년</td></tr><tr><td>13</td><td>한성부</td><td>조선시대</td><td>1대 태조 4년</td></tr><tr><td>14</td><td>경성부</td><td>일제침략시대</td><td>1910년 이후</td></tr><tr><td>15</td><td>서울시</td><td>해방이후</td><td>1945.10.1~49. 8. 15</td></tr><tr><td>16</td><td>서울특별시</td><td></td><td>1949. 8. 15이후</td></tr></table>			

활동과정
(상호작용)
	제시 1) 서울의 역사 타임라인을 펼쳐 보인다.
	  - 서울의 선사시대 타임라인을 살펴보자.
	  - 타임라인과 관계되는 카드를 준비한다.
	  - 그림과 내용을 짝짓기
	  - 질문카드 보고 내용을 찾아 공책에 요약해 보기
	  - 모든 카드에 써 있는 질문에 대한 답을 써 본다.
	  - 한강을 중심으로 한 빙하기에 대해서 알아본다.
	
	제시 2) 서울에 처음으로 살았던 사람들.
	  - 역사시대 : 기록에 남았던 사람들.
	  - 선사시대 : 살았던 기록이 없었던 시대.
	  - 선사시대의 한국인의 모습, 수공예품, 물건, 뼈, 화석 등.
	  • 서울을 지배한 부족국가들의 이동경로.
	  • 약 8가지 질문에 답하기.
	    (특색, 부족국가, 살았던 시기, 장소, 공예품, 물건, 유명한 왕의 업적)
	
	제시 3) 서울의 변화와 그 역할을 주제로 소책자 만들기

흥미점	8가지 질문에 대한 리서치 카드 만들고 답하는 것.
실수정정	서울의 역사에 대한 Time Line의 설명카드를 시대별로 늘어놓지 못할 때.

변형 확대 **및** **응 용**	• 8가지 질문을 만들어보기 • 과거의 유명한 임금을 뽑아 연구하여 공책에 그리고 써서 소책자를 만든다	**지도상의 유의점**
		인터넷을 통하여 조사하는 시간을 충분히 준다.
		관 찰 (아 동 평 가)
		여러 가지 주어진 (8가지) 질문에 답변이 적절히 할수 있는가?

활동(20)

주 제	서울의 이모저모	대상연령	9~12세
교 구	서울의 역사와 자연환경 및 그 특색을 이해한다.		
목 적	직 접	서울의 역사와 자연환경 및 그 특색을 이해한다.	
	간 접	우리나라의 뿌리를 알고 애국심 관찰력을 기른다.	
선행학습	한국의 역사		
언 어	위성도시, 서울특별시 수도		
교 구 제 시			

88 몬테소리

활동과정
(상호작용)
	제시 1) 소책자 만들기
	- 한국의 중요한 역사를 살펴본 후 마분지 A4 크기 4장 정도를 나누어주기.
	- 서울의 크기, 서울의 나무, 서울의 꽃, 서울의 지도, 서울의 강, 동·식물, 산, 계곡, 언덕, 호수, 숲, 공원 등 방문할 만한 장소, 기후, 간단한 서울의 역사, 흥미로운 사실 등을 차례로 기록하여 소책자 만들어 본다.
	- 경계 도, 이름, 위성도시들
	  정답을 보면서 • 명칭카드를 놓아본다.
	                      • 정정 카드를 놓아본다.
	
	제시 2) 지도카드를 이용한 활동
	- 지도에 명칭을 놓으시오. (명령카드의 첫 번째 명령)
	- 지도를 그리고 명칭을 쓰시오. (명령카드의 두 번째 명령)
	- 경계선은 산이나 강(자연)에 의해 생기게 되는 과정을 이야기한다.
	- 강 : 강 천의 명칭 쓰기, 수원지 등을 알아본다.
	- 강이나 도로는 긴 천이나 색 테이프로 나타낸다.
	
	제시 3) 서울의 자연환경에 대하여 이야기한다.

흥미점	서울시 선사유적지에 대한 이야기책을 만들 때
실수정정	서울의 이해를 도울 수 있는 소책자를 만들지 못할 때

변형 확대 및 응 용	• 서울의 정치, 경제, 문화, 교육, 사회 생활 등에 대하여 조사하여 세 부분 카드를 만든다. • 광범위한 서울의 역사 중에서 한 분야를 선택하여 자세히 연구하기	**지도상의 유의점** 서로 나누어서 연구한 내용을 모아서 그룹별 책자를 만든다. **관찰 (아 동 평 가)** 서울의 자연환경과 특색을 이해하는가?

활동(21)

주 제	우리고장 (예:서울 송파구, 강동구)	대상연령	9~12세
교 구	타임라인, 정의카드, 우리고장의 지도		

목 적	직 접	우리 고장의 이모저모를 알 수 있다.
	간 접	지역을 사랑하는 애향심, 애국심을 기른다.

선행학습	서울시의 이모저모
언 어	심벌마크에 강남구 캐릭터(상징)까치모양, (예)송파구 캐릭터)
교 구 제 시	〈 우리 고장의 지도 〉

활동과정 (상호작용)	제시 1) 우리 고장의 상징물에 대해서 알아보기. - 심벌마크, 나무, 물, 새, 캐릭터 등. - 정의카드로 매치 시키기. - 아동공책에 모든 상징물을 그려 넣도록 한다.(인테넷 활용) 제시 2) 우리 고장의 연대표 만들기 - 카드 매칭 시키기. 제시 3) 우리 고장의 지도보기 : 교통, 문화재 매칭 시키기. - 지도에 명칭을 늘어놓기. 제시 4) 문화재 연표 만들기. 제시 5) 퍼즐 놀이. 제시 6) 차례로 기록하며 소책자 만들기	
흥미점	여러가지 상징물들을 그려 넣기.	
실수정정	지역의 행정구역이 나뉘어 있는 점을 모를 때	
변형 확대 및 응 용	• 우리고장의 관광안내지도를 만들고 우리 고장의 홍보물 만들기 • 우리 고장의 안내문 만들기	**지도상의 유의점** 자료를 수집하는 방법을 알려준다. **관 찰 (아 동 평 가)** 우리고장에 대해서 다양한 정보를 수집하는 방법을 알고 있는가?

<참고문헌>

- 교육부,「제7차 초·중등학교 교육과정」, (1998).
- 교육부,「초등학교 교육과정 해설 (Ⅰ권 ~ Ⅴ권), (1997).
- 권명자,「몬테소리 철학」, 연수교재 (1999).
- 권명자,「도움통신문」, (유 초등학교 연계지도 자료), 보육사, (1994).
- 김은산,「외국의 열린교육」, 방송통신대교원연수집 (1997).
- A.M.S 몬테소리 교육수강 내용.(미국 신시에티 주 XAVIER대학)
- 민병수,「새국어사전」, 박영사(1997).
- 서봉연,「발달의 이론」, 서울중앙적성출판사(1985).
- 서석남,「몬테소리 생명교육」, 동문사(1998).
- 서울잠일초등학교,「몬테소리교육방법을 적용한 개별화 교수·학습 능력의 활성화 방안」, (2000).
- 서울초등몬테소리연구회,「서울초등몬테소리교육 하계자율연수」, (2001).
- 서울특별시교원연수원,「초등열린교육지도교사 일반연수(Ⅳ)」(1998).
- 서울특별시교육청,「열린교육을 위한 학습방법의 이론과 실제」 승립문화사 (1997).
- 서울특별시교육청,「열린교육개별화교육 연수」, (1997).
- 이정순역, 혼자할 수 있도록 도와주세요, 아이의 발견 (M.몬테소리지움)」, 청목(1996).
- 임갑빈,「신인간관계론」, 동문사(1993.)
- 조성자,「마리아 몬테소리의 우주교육」, 중앙적성출판사(1998).
- 하영철,「교육학」, 형설출판사(1993).
- 한국몬테소리교육학회,「몬테소리교육연구 제3집」, (1998).
- 송미령·한종혜,「몬테소리 교육 (1권 ~ 12권.), 프뢰벨 사(1995).
- 서울시교육청 서울초등교육의 도약(2002).
- 변영계 수업분석의 실제 세원문화사

몬테소리 지도안 역 사

발행일 : 2003년 11월 5일
발행처 : 도서출판 **몬테소리**
발행인 : 박 해 동
E-mail : nexit21@empal.com
편 저 : 권 명 자
http://www.k-montessori.co.kr
전화 : 02-872-4381
fax : 02-872-4383
값 9,000원

잘못된 책은 교환해 드리며 복제를 금합니다.